自律神経の名医が教える

すごい「悩み方」の技術

小林弘幸

草思社文庫

はじめに

悩み方には技術があります。

卵の割り方や歯の磨き方に技術があるのと同じように、「悩み方」にも会得しておくべき技術があるのです。

心を悩ませるのにも技術があるなんて、みなさんはこれまで考えもしなかったかもしれません。

でも、その技術を知らないで悩んでいるのと、知って悩んでいるのとでは、まったくの大違いなのです。

たとえば、みなさんの目の前に悩みという壁が現われたと思ってください。

悩み方の技術を知らない人は、どうすればその壁を越えられるかがわかりません。越え方を知らないから、〝ああ、どうしよう、どうしよう〟と、頭の中でグルグルと悩みや不安を回しているばかり。だから、壁の前で一歩も動けないまま、悪循環にハマッてしまうのです。

一方、悩み方の技術を知っている人は、どうすれば壁を越えられるかがわかっています。〝悩みの壁を越えるときは、こうすればいい〟というスキルを持っているから、悩みを次々に克服していくことができる。そして、悩んだ経験を自分のプラスにして成長していけるのです。

人の悩みは数知れません。ひとつの壁の前でいつまでも立ちすくんだままの人と、たくさんの壁を次々に乗り越えていく人との間では、得られる経験や知識が大きく違ってきます。いずれ両者の間ではとんでもなく差がついてしまうことになるでしょう。

つまり、人は悩み方しだいで差がつくのです。

普段から悩みに対してどう向き合っているかという「スキルの差」が、人生を大きく左右することにつながっていくわけですね。

私は、仕事や人間関係、健康面なども含めて、人が自分の人生をいい方向にシフトしていけるかどうかは、すべて「どう悩むか」にかかっていると考えています。

すなわち、人生を成功や幸せへと導いていくには悩み方の技術をつかむことがカギ。悩み方の技術をつかむことは、わたしたちが生きていくうえでいちばん重要なことと言ってもいいのではないでしょうか。

私の医師としての大きな研究テーマは、ざっくり言うと、力を出せる人と出せない人とでは何が違うのか、体や心のパフォーマンスを向上させるカギは何なのかということです。

そのため、私はこれまで数多くの方々のコンディショニング指導やパフォーマンス向上の指導に関わってきました。

たとえば、アスリートはスランプやケガがつきものですから、常に悩みを抱えています。また、思うように成績が伸びなかったり周りからきつい評価を受けたりして、プレッシャーやストレスに悩まされていることも少なくありません。そういった悩みという壁を乗り越えて、どうやって自分本来の力を発揮していくかを指導しているわけです。

アスリート以外にも、私は、アーティスト、文化人、経営者など、さまざまな分野の方々に指導をしています。どなたも素晴らしいパフォーマンスを披露している一流の方ばかりです。そして、何年にもわたってこうした方々への指導経験を重ねていくうち、ある日私は、一流の人たちの「悩み方」に共通パターンがあることに気づいたのです。

いちばん大きな共通点は何だかおわかりですか？

それは、悩みから逃げることなく、悩みに対して徹底的に向き合っていくという姿勢です。

彼らは決して、悩みをほったらかしにしたり悩みから目を背けたりすることはありません。彼らはみな、悩みを放置してしまうことが、自分のパフォーマンスに多大な悪影響をもたらすことを熟知しています。だから、どんな小さな悩みに対してもとことん悩み抜く。自分の中で何らかの答えが得られるまで、悩みや不安、疑問などに対して向き合い続けるのです。

そして、その悩みつくす姿勢は、一流の人であればあるほど徹底したものとなります。超一流の人ともなると、まるで悩みを究めつくした達人のよう。一般の人ならまったく気にならないような些細なことにまで細かく神経を注ぎ、その問題を未然に防ぐための策をめぐらしています。

アスリートにしても、アーティストや経営者にしても、超一流の方々がその名にふさわしいパフォーマンスを発揮できるのは、それだけ数多くの悩みに向き合って、そのひとつひとつを真剣に究めてきたからだと言っていいでしょう。

つまり、一流の方々がそれぞれの分野でステップを上りつめることができたのは、「悩み方の技術」を心得ていたからなのです。

もちろん、才能や体力などに恵まれている面もあったのでしょう。ただ、それだけでは到底上りつめることはできません。才能や体力に物を言わせて這《は》い上がれるのは、せいぜい二流、三流まで。一流になるために絶対に欠かせないのは、悩みを乗り越えるための技術を知っていること。自分の目の前に大きな壁が立ちはだかったときに、〝この壁を乗り越えるには、こうすればいい〟というスキルを持っているかどうかが大事なのです。

とにかく、これまで多くの一流人を見てきて、私がたどり着いた最終結論は、「人間は悩み方によって差がつくものなのだ」ということ。人が自分の力を出せるかどうか、自分のパフォーマンスを向上させられるかどうかは、すべて悩み方にかかっていると言ってもいいでしょう。

そしてこれは、誰にとっても当てはまることなのです。

みなさんが仕事や人間関係などに行き詰まりを感じたときも、悩み方の技術を知っていれば、行き詰まった状況を打開していくことができるはずです。また、みなさんが自己実現などの面で自分に限界を感じていたとしても、悩み方の技術を知り、悩み方を変えていけば、さらなる成長を遂げていくことができるはずです。

この本では、これから「悩み方の技術」に対してさまざまな角度から光を当てていきます。これまでの私の指導経験をもとにしながら、上手に悩むためのエッセンスを紹介していくことにしましょう。

私は、悩み方を変えれば、人は変わると思います。

大切なのは、悩むか、悩まないかではなく、いかに悩むか。その技術を身につければ、人は成長し、大きく変わっていくものなのです。

ぜひみなさんも、悩み方の技術を知り、悩み方を変えて、ひとつひとつ壁を乗り越えていってください。

そして、これからの人生でステップアップを果たしていきましょう。行き詰まった状況を打開し、限界を突破して、自分の人生を変えていこうではありませんか。

目次

第2章 うまく悩めば、「悪い流れ」を「いい流れ」に変えられる

――悩み抜く人は、仕事でも人生でもよい結果を出すことができる!

第3章　知っているか知らないかで大きな差がつく小さな心の習慣

──悩み上手な人はみんなやっている「ほんの小さなコツ」25

第4章 悩み抜いた人はなぜ幸せな人生を送れるのか

――悩みから解き放たれる「究極の道」とは？

編集協力――高橋 明
イラスト――村山宇希

第1章

すべては悩み方がうまいかヘタかで決まる！

――仕事・人間関係・人生を大きく左右する「3つの心のスキル」

あなたは悩み方がヘタなせいでソンをしていないか

みなさんは、何か気がかりや不安を抱いたときに、その考えが頭の中にぴったり貼りついて離れなくなることはないでしょうか。

頭に浮かんでくるのは、その不安や気がかりなことばかり。「どうしよう、どうしよう……」「ああすればよかった、こうすればよかった……」「もしかすると最悪の事態になるかも……」。このように、マイナスの考えを頭の中でグルグルと堂々巡りさせてしまうのです。

きっと、思い当たる方も少なくないはずです。

でも、はっきり申し上げましょう。

こういう悩み方が、いちばんヘタな悩み方なのです。

悩みが頭の中を堂々巡りしてしまうのは、無意識のうちに悩みから逃れようとしているからです。

悩みとは、逃げようとすればするほど勢いづいて追いかけてくるもの。こちらが弱気になるほど向こうは強気になって、逃げ続けていると、始末に負えないほど強大になってしまいます。それに、頭の中で悩みを回しているのは、出口のない迷路で追い回されているようなもの。迷路から出られない状態で逃げ続けていると、グルグル回るうちに悩みをさらに勢いづかせ、ますます悪循環にハマッていってしまうのです。

では、いったいこの悪循環から抜け出るにはどうすればいいのでしょう。

悪循環を脱出するカギは「攻めること」。すなわち、追いかけてくる悩みに対して、逆にこちら側から攻めていくようにするのです。

「攻め」こそは、悩みを打ち破る最高の手段です。とにかく、先手必勝で先にガツンと1、2発食らわしておく。で、相手がひるんだら、勢いに乗って攻めて攻めて攻めまくる。攻撃の手を緩めずに、1ラウンドも終わらないうちにやっつけてしまう。それがいちばんいいのではないでしょうか。

守ってはダメです。こちらが守ろうとしたり逃げようとしたりする姿勢を見せると、そのとたん、悩みはカサにかかって追いかけてきます。だから、弱気にならず、終始強気で「攻めの姿勢」を貫き通してください。

悩みというものは、攻められると意外に弱いのです。

守る立場と攻める立場とでは、悩みの見え方は180度変わると言ってもいいでしょう。

たぶん、悩みが向こうから攻め寄せてきていて、こちら側が必死に逃げているときには、その悩みが「難攻不落の大要塞」のように見えているはず。でも、こちら側から攻め込むと、その大要塞が「犬小屋」のように小さく見えて、拍子抜けするくらい簡単に攻略できてしまうものなのです。

つまり、逃げの気持ちで臨んだときと、攻めの気持ちで臨んだときとでは、悩みへの感じ方がまったく違ってくるということ。だから、ものすごく高く感じるハードルがあったとしても、攻めの気持ちを持っていれば、そのハードルを低く感じるようにシフトすることができる。どんなに大きくて手ごわそうな悩みであっても、こちらから積極果敢に攻めていけば、その悩みを小さくしていくことができるわけです。

私は、このことを知らないで、悩みから逃げ回っている人は、人生において大きなソンをしているようなものだと思います。

だって考えてみてください。こちらから攻めてしまえば簡単に解決できることなのに、それを知らないばっかりに、さんざん追いかけ回されて、すっかり心と体を疲弊させてしまっているのですから。

それに、悩みに追いかけられて神経をすり減らしていると、いずれ心身の健康にも非常に大きな悪影響が及ぶことになります。コンディションの不調が続けば、仕事や生活などの普段の活動に支障が表われることも少なくありません。本当に、悩み方を変えずに逃げ回っていては、日々においてどんどん失うものを大きくしていくばかりなのです。

ですから、まずは悩み方を「守りの姿勢」から「攻めの姿勢」へと転換しましょう。この「悩み方の初歩スキル」を身につければ、悪循環サイクルを断ち切って、大きな一歩を踏み出すことができるはず。さあ、みなさんも悩みから逃げてばかりの果てしない追いかけっこに終止符を打ち、悩み方上手へと、大きく一歩前進しましょう。

悩みを「ボヤ」で終わらせる人、「大火事」にしてしまう人

悩みはわたしたちの心と体の調子を乱す存在です。

悩みが多ければ多いほど、悩みが大きければ大きいほど、わたしたちは心の調子を乱され、体の調子を乱されて、いつも通りのパフォーマンスができなくなってしまいます。

心や体のコンディションが乱れるのは、自律神経が乱れるからです。

自律神経は、わたしたちの生命活動を根幹的なレベルでコントロールしているシステム。病気になるのも、体調が崩れるのも、夜眠れないのも、無性に落ち込んだりイライラしたりするのも、すべての不調は自律神経のバランスの乱れから来ています。また、「最近、何をやってもうまくいかない」「ミスや失敗が多い」「仕事やスポーツでいい結果が出せない」といったことも、自律神経の乱れが原因である可能性大。自律神経が乱れると、心身のさまざまな不調が連鎖して、日々の活動全体が悪い流れにハマりがちになるのです。

そして、自律神経を乱れさせる数々の要因の中でも、悩みはもっとも大きなウエイトを占めている要因なのです。

後ほどくわしく説明しますが、自律神経のバランスはどういう悩み方をしているかによって大きく左右されます。

悩み方がうまく、普段から悩みをきっちり片づけている人は、自律神経のバランスを良好にキープできます。反対に、悩み方がヘタで、悩みを片づけないままほったらかしにする人は、自律神経のバランスを大きく乱してしまうことになります。

つまり、普段からどんな悩み方をしているかによって、自律神経の調子がいいか悪いかが決まり、体の調子がいいか悪いか、心の調子がいいか悪いか、仕事や勉強、スポーツなどの調子がいいか悪いか、日々の活動の調子がいいか悪いかといったことがすべて決まってくるのです。

しかも、ちょっとした小さな悩みでも、自律神経はわりとたやすくかき乱されてしまう傾向があります。本人はたいしたことがないと思うような些細な悩みでも、自律神経にとってはけっこう大きなダメージになっていることが少なくないのです。

それに、悩みというものは、最初はほんの小さな芽のような存在であっても、放っているといつのまにか育ってしまい、枝葉を茂らせてとんでもなく厄介な問題に発展してしまうことが多いものです。そんな事態が重なれば、自律神経は大きく乱れてどんどんバランスを失ってしまいます。

悩み方は、火の扱い方に似たところがあるのかもしれません。「火」はわたしたちの生活に欠かせないものですが、同時にたいへん怖いものでもあり、扱い方や始末に十分気をつけていかなくてはなりません。悩みという火がついてしまったときに、火が小さなうちにすかさず消火活動をすれば「ボヤ」で済ませることができます。しかし、悩みという火を無策のままボーッと見ていたら、たいへんな「大火事」に発展してしまいかねません。

ですから、悩みを大火事にしてしまってはいけないのです。どんな悩みだろうと甘く見ることなく、ボヤのうちに消してしまうほうがいい。「火の始末」

に注意をするのと同様に、「悩みの始末」にも普段から十分に注意を払い、ごく小さなうちに〝消火〟するよう心がけていく必要があるのです。

悩み方は「頭の中の片づけ術」だと心得よう

私は、悩み方というのは、「頭の中の片づけ術」だと思っています。

たとえば、悩みを「頭という家」の中に散らかったゴミだと考えてみてください。

そこにゴミが落ちていれば、片づけたり掃除をしたりしない限りずっと落ちたまま。目を背けていても、悩みというゴミは消えてくれません。もし面倒がって掃除しないで放っていたら、家の中のゴミはどんどん増えて、いずれ散らかり放題のゴミ屋敷になってしまうかもしれません。

ゴミは人間が生活している以上、必ず出てくるものです。同じように、悩みも人間が生きている以上、必ず湧いてきます。両者とも次から次に現われてきて、決してなくなるということはありません。

だから、普段から片づけや掃除をしなくてはならないのです。

悩み方がうまい人は、頭の中の片づけや掃除が得意な人であり、悩み方がヘタな人は、頭の中の片づけや掃除が苦手な人です。悩み方がヘタな人は、頭の中に悩みというゴミが散らかっていても、ついついその状態を放置してしまいがち。また、ついつい〝ゴミ出し〟を怠《おこた》って、悩みをため込んでしまいがちなわけです。

しかし、先ほども述べたように、悩みというゴミがたまってくると自律神経がてきめんに乱れ、日々の活動コンディションがどんどん不調へ傾いていってしまいます。しかも、その不調は、ゴミを全部きれいに片づけてしまわないと、なかなか元に戻ってくれません。やるからには徹底的に〝ゴミ〟を出し切らないとダメなのです。〝後でちゃんとやろう〟というつもりで、ちょっと横にどかしたり積み上げたりといったことをしていると、一向にコンディションの乱れが解消しないいんですね。

さらに、常日ごろから片づけを後回しにしたり、中途半端にゴミを残していたりすると、なかなかコンディション不調から回復できず、どんどん調子を落としてしまうことになります。そして、いつしか不調のまま、スランプから出られなくなってしまうのです。要するに、頭の中の掃除や片づけがヘタだと、不調から抜け出せない状況にハマりやすいわけですね。

でも、心配することはありません。片づけや掃除にコツがあるのと同じように、悩みの片づけ方にもコツがあります。そのコツをつかんで全部きれいに〝ゴミ出し〟をするようにしていけば、不調やスランプを抜け出して、再び好調を取り戻せるようになっていくのです。

みなさんも、頭の中の目障りな〝ゴミ〟を放っていてはいけません。ぜひ、「頭の中の片づけ術」を学んで「片づけ上手」「悩み上手」になっていくようにしましょう。

中途半端な散らかしっぱなしがいちばんいけない

プロ野球の世界では、「中途半端」がいちばん嫌われるのだといいます。バッティングで言えば、スイングの途中で止めたバットにボールが当たり、ボテボテのゴロになってしまうケースなどがそうです。大切な場面でこういうバッティングをしてしまうと、迷いや後悔が後を引きますよね。

一方、バットを思い切り振り切っていれば、たとえボールが芯に当たらなくても、野手と野手の間にボールが落ちてヒットになることだってあります。それに、振り切っていれば、迷いや後悔が残りません。結果はどうあれ、「振り切った」「やり切った」「自分の力を出し切った」という思いがあるから、気持ちがせいせいして後に禍根《かこん》を残さないのです。

これは悩み方も同じだと思います。

つまり、中途半端に悩むのがいちばんいけない。

中途半端だと迷いを吹っ切れません。中途半端に悩むのは、頭の中の片づけ方が半端だということ。ある程度片づけたにしても、頭の中にはまだあちこちに悩みという〝ゴミ〟が散らかっている状態です。そういった〝半端なゴミ〟が残っていると、かえって目について気になってしまいます。

すなわち、その〝半端なゴミ〟こそが後悔や迷いの念なのです。こうした後悔や迷いの念が頭の片隅に引っかかっていると、後々行動をするときにそれらの思いが再び頭に浮かんできて、また同じミスや失敗を繰り返してしまうことが多くなります。だから、悩み方が中途半端な人は、何度も同じようなことで繰り返し悩むハメになるのです。

また、同じ失敗を繰り返したり、何度も同じようなことで悩んだりするのは、その人が「進歩していない」「成長していない」ということに他なりません。頭の中に後悔や迷いを残したまま吹っ切れずにいると、それらの念にとらわれてしまい、その場に停滞して留まってしまうことになる。それで、なかなか「次」に進むことができなくなってしまうのです。さらに、こういう迷いや後悔が尾を引くと、グルグルと同じ悩みを回す悪循環にハマってしまうことにもなりかねません。

ですから、悩みをちゃんと解決しないまま、中途半端に散らかしっぱなしにしているのがいちばんいけない。片づけが中途半端だと、結局、その悩みに縛られて、それ以降もその場を動けなくなってしまうわけですね。

では、いったいどうすればいいのか。

私は、「悩み抜く」のが唯一の打開策だと思います。つまり、悩みに対して攻めの姿勢で向き合い、とことん悩み抜くのです。

必要なのは悩み抜く力。中途半端に悩んでいるから、悩みが消えず、何回も同じことを繰り返してしまうわけです。でも、最後までしっかり悩み抜いていれば、その時点で悩みに終止符を打つことができる。そこで終止符を打ってしまえば、迷いや後悔を引きずることもなく、次のステップへと進むことができるのです。

悩み抜いていると、頭の中のもやもやが出つくします。頭の中に散らかっていたものたちがすべて所定の場所に落ち着いて、きれいさっぱり片づきます。このように、「よし、これで全部片をつけた」と自分の中で納得感が得られるまで、とことん片づけて、とことん悩み抜くことが重要なのです。

なお、この際、立派な結論や素晴らしい解決法にたどり着けたかどうかはそんなに重要ではありません。それよりも大切なのは、とことん片づけて、とことん悩み抜いて、「もうこれ以上悩んでもしようがないな」というところにまでたどり着けたかどうか。「ここまでやり抜いた」「やれるだけのことをやりつくした」という納得感を得られるかどうかが、いちばんのキモなのです。

要するに、「結果」よりも、悩み抜いたかどうかの「プロセス」が大事だということ。先ほどのプロ野球の例で言えば、バットをしっかり振り抜いたかどうかが大事なのであって、ヒットになったかアウトになったかという結果はさほど問題ではないのですね。もちろん、振り抜いた結果、ヒットやホームランが生まれればそれに越したことはないのですが、それよりも「やるだけやった」という感覚を重視していくべきなのです。

「悩み抜いた」「やるだけやった」「片をつけた」という感覚があると、もうその件で後悔したり迷ったりすることがなくなります。中途半端に悩んでいると迷いや後悔を引きずって悪循環にハマリがちになりますが、自分の頭の中に居座っているすべての〝ゴミ〟を出しつくすように悩み抜いていけば、その悪循環を断ち切って次の展開へ進んでいくことができるわけです。

後の章で改めて述べますが、一流のアスリートやアーティストはほとんど例外なくこの「悩み抜く感覚」を大切にしています。悩んで、悩んで、徹底的に悩み抜くことによって自分に成長を促し、ひとつひとつ高いステップへと進んで新たな地平を切り拓いているのです。

「悩み抜く」ことは「あきらめる」ことにつながる

みなさんの中には、「悩み抜く」という心の作業に少々重いイメージを抱いている方もいらっしゃるかもしれません。

悩むのは、誰にとっても嫌なことです。つらさや悲しみが込み上げてくることもあるでしょう。

そのつらくて嫌な作業をとことんやり抜いてみろと言っているわけですから、

〝うわぁ、これはたいへんだ〟〝つらすぎて耐えられないかも〟〝自分には無理〟といった反応が返ってくるのも、ある程度仕方がないと思います。

でも、これをやらないと「次」に行けないのです。

私は、人間とは悩む生き物であり、悩みを糧《かて》として大きく成長を遂げていく生き物であると思っています。悩みから逃げていては、何の成長もしないままそこに留まっているしかありません。ですから、悩み抜くのがつらい作業であったとしても、悩みから目を背けることなく、その壁を乗り越えて進んでいっていただきたいと思います。

それに、そもそも「悩み抜くこと」に対してそんなに高いハードルを感じる必要はないのではないでしょうか。

先ほども申し上げたように、悩むのは「頭の中の片づけ作業」です。「悩み抜く」ということは、「片をつける」ということであり「片づけ抜く」ということ。言わば、散らかった部屋を自分が納得するまでとことんきれいに掃除するだけのこと。ですから、そんなにガチガチに身構えることなく、たまに大掃除をして頭の中を明るくするような感覚で、気軽に片をつける作業、悩み抜く作業にトライしていけばいいのではないでしょうか。

さらに、こうした「頭の中の片づけ作業」をポジティブに捉えることもできます。

私は、「悩み抜くこと」「やり抜くこと」は、物事を「あきらめること」につながると考えています。

「あきらめる」は、「諦める」ではなく、「明らめる」。すなわち、「ギブ・アップする」ということではなく、「物事を明らかにする」「物事を明るく照らし出す」という意味です。

要するに、とことん悩み抜き、とことんやり抜いていると、「ここまでやったんだから、もうこれ以上悩んでも仕方がない」という段階まで、悩みを「明らめる」ことができる。また、何かの結果を求めていたとしても、「ここまでやり抜いたんだから、あとはもう天の配剤にまかせるしかない」というところまで、自分の気持ちを「明らめる」ことができる。このように、とことん悩み抜くと「明らめ」の境地にたどり着くことができるわけです。

悩んでいた物事が明らめられると、自然に気持ちが明るくなりますし、心が落ち着いて自律神経バランスが安定するようになります。これは、混沌《こんとん》としていた世界に明るい日が差してきて、すべてを明るく照らし出してくれるようなものでしょう。そして、そうすると、おのずとどうすればいいかの道筋が見えてきて、「次」に向かって進んでいけるようになるのです。

つまり、あきらめることによって事態が前へ動き出す。悩み抜き、あきらめることによって、いままで見えていなかったものが見えてきて、いまの自分が何をやればいいのかがわかるようになるのです。

ですからみなさん、「悩み抜くこと」を嫌な作業だと思わずに、自分にとってプラスになるポジティブな作業だと捉えるようにしてください。いま、ここで悩んでいることは、自分自身の問題を解決するためのいちばん重要な作業。

いま、その作業を徹底的にやり抜くことが、自分が行くべき道を明るく照らし出し、ひとつ上のステップへ連れていってくれることへとつながるのです。

悩みをスムーズに片づけていくための「3つのスキル」

ここからしばらくは、「悩み抜く」ための技術的な問題について述べていきたいと思います。

まずは、基本的心構えについて押さえておきましょう。

心の中のことは、個々人にしかわからず、他人からとやかく言われる筋合いのものではないため、どうしてもだらだらと時間をかけてしまいがち。なかには、同じような悩み事について、何週間、何カ月もだらだらと考えている人もいます。しかも、それだけ多くの時間をかけて悩んでいても結論が出るとは限りません。

私は、こういう非効率的な悩み方をするのは、ほとんど意味がないし、時間の無駄だと思います。

悩むのは、頭の中の片づけ作業です。片づけや掃除がうまい人は、いろいろ工夫やワザを凝らして手際よく効率的に作業を済ませているものですよね。それと同じように、悩み抜くときにも、できるだけ合理的・効率的に問題を片づけられるようにしていくべきなのです。

悩みというものは、だらだらと長く停滞させているとどんどん深まっていってしまい、自律神経のバランスを崩す大きな原因となります。でも、普段から合理的・効率的に悩んでいると、短期間に着実に問題を解決して、逆に自律神経のバランスを安定させていけるようになります。自律神経が整ってくれば、心や体の調子もよくなり、仕事などの調子もよくなって、日々の調子をよりよい流れへとシフトしていくことができるでしょう。

では、合理的・効率的に悩み抜くための技術について、具体的に紹介していきましょう。

私は、うまく悩むには、次の3つのスキルを身につけるのが重要だと考えています。

①悩みの大きさごとに優先順位をつける
②極力、時間をかけない
③悩み事の問題点を書き出す

この3つのスキルは、うまく悩むための基本のキであり、絶対に欠かすことのできない重要な「柱」です。

私は、この3つのスキルは、悩み方だけに限らず、目の前の問題をスムーズに片づけていくための基本だと考えています。どんな世界においても、優秀な人ほど、この3つの基本を大切にしているものなのです。

たとえば、私の属している医療の世界であれば、優秀な外科医はみな例外なくこの3つを究めつくしています。

最初の「優先順位」の判断などは、外科医には最重要のスキルです。外科医は急な手術に臨むときなどに、すばやく患者さんの状態を読み取って、どの問題を先に処置して、次に何をして、最後に何をするかといった判断を的確に下さなくてはなりません。また、救急外来などでは同時に複数の重症患者が搬送されてくることもあり、そういうときは、「まずどの人にどの処置をして、次はどの人に何の処置をして」といったことをとっさに判断しなくてはなりません。こういう際に、もし問題の重要度を見誤ってしまったらたいへん。ですから、優秀な外科医は普段から目の前の問題に優先順位をつけて考え、いつでもスピーディに的確な判断ができるよう訓練をしているものなのです。

②の「時間をかけない」も外科医にとって重要なスキル。外科治療では、1分1秒を争う処置が求められるケースが日常的にあります。ただ、優秀な外科医は決して慌てることなく、目を見張るようなスピードの手さばきで処置を行ない、ひとつひとつ問題を解決していきます。状況を読んで最短の時間で自分の技量を出しつくすという意識が染みついているのです。

また、③の「問題点を書き出す」も非常に大事なスキルです。カルテの記入はもちろんですが、優秀な外科医の多くは、日々「手術ノート」などに問題点を記録しています。そして、ほんの些細な不安や心配事もおろそかにせず、すべての問題点を書き出して、どう克服すべきかを考えているのです。そうやって、ひとつひとつ問題をクリアしていくことによって技量を磨き、自分を成長させているわけですね。

問題点を書き出し、問題の重要度によって優先順位をつけて、できる限り時間をかけずに問題を解決していく――。

きっとみなさんも、周りを見渡してみれば、仕事のできる人、問題解決の早い人ほど、こうした基本スキルを大切にしていることに気づくのではないでしょうか。それぞれのスキルの実践ポイントなどについては、これからじっくり説明していくことにしましょう。

悩みを「大」「中」「小」に分けて頭の引き出しに収納する

最初のスキルは「悩みの大きさごとに優先順位をつける」です。

何事にも当てはまるのでしょうが、仕事や作業を効率的に進めるには、優先順位をしっかり見極めることが必要です。

悩みもそう。その悩みがどれくらいの大きさなのか、自分にとってどれくらいの重要度なのか、その悩みを解決するのにどれくらいの時間がかかりそうなのか——。こういった要素を冷静に分析して、どの悩みに先に取り組むかの優先順位を決めていくといいでしょう。

優先順位を決める際は、頭の中に「3つの悩みの引き出し」を持っているようなつもりになって、悩みの大きさや重要度ごとにランク分けしていくといいと思います。

すなわち、どうでもいいような悩みや、すぐに何とかなりそうな悩みは、「小」のランクの引き出しに入れておく。ちょっと引っかかっている悩みや、少し手間がかかりそうな悩みは、「中」のランクの引き出しに入れておく。そして、自分の人生を左右するような悩みや、じっくり考えて結論を出さなくてはならないような悩みは、「大」のランクの引き出しに入れるようにする。そうやって、悩みを「大」「中」「小」に分けて収納していくわけですね。

それぞれ引き出しに収納したら、日中の活動時などはカギをかけて「出てこないようにしておく」といいでしょう。悩み事や心配事というのは、ふと思い出してしまうことがあるものですが、大切な会議中に思い出したり、大切な試験、大切な試合のときなどに思い出したりしたら、パフォーマンスに影響して100％の力を出せなくなってしまいます。だから、仕事などの活動時はカギをかけて顔を出させないようにするほうがいいのです。

ただし、カギをかけたまま放っておいてはいけません。必ず時間があるときにそれぞれの引き出しを開けて、優先順位ごとに整理・片づけ作業をしていくようにしてください。

なお、悩むときは、「大」「中」「小」のランクごとに時間を決めて考えることをおすすめします。

たとえば、「小」の引き出しの悩みは、できるだけ時間をかけず、その場で解決するクセをつけておく。「中」の引き出しの悩みに関しては1日15分ずつ3日間かけて考えてみる。「大」の引き出しの悩みは1日30分間ずつ1週間かけて考えてみるといったように、悩みの引き出し別に考える目安時間をだいたい決めておくわけです。

ここで挙げた「悩む時間や期間」はあくまで目安なので、適宜変えていただいて構いません。とにかくいちばん大事なのは、引き出しを開けたら覚悟を決めて、自分が決めた時間に集中して悩み抜いてみること。「これに関してはもうこれ以上悩んでもしようがないな」というところまで悩む作業をやり抜いてみることです。

それと、もうひとつ気をつけておきたいのは、引き出しの中に悩みをため込まないこと。引き出しの中は、常時できるだけきれいにしておくクセをつけてください。引き出しの中にいっぱい悩みが詰まっているとだんだん開けるのが面倒になってきますので、引き出しの中の悩みをいつも「0〜2個」くらいにしておくことをおすすめします。

このように悩みをランク分けして解決していると、だんだん自分の頭の中が

大
転職すべきか？
結婚する？しない？
中
部長とうまくいかない
スキルアップしたい
成績が伸びない
引っ越しする？
親の健康状態が心配
小
服選び
プレゼント何にする？
レストラン予約
同窓会出席？欠席？
携帯機種変更
バーゲンに行く

悩みでごちゃごちゃすることがなくなってくるはずです。そして、頭の中がいつもきれいさっぱり整然と片づけられている感じがしてくるでしょう。きっと慣れてくれば、「そうか、こうしていれば頭の中を整理整頓できるんだ」という感覚がつかめてくるはず。その〝そうか、こうすれば〟という感覚をつかむことが「悩みの片づけ方のコツ」を身につける第一歩なのです。

その悩みは自分でコントロールできることなのか

なお、悩み事に優先順位をつけるに当たって、ぜひとも心得ておいていただきたい事項があります。

それは、その悩みが「自分でコントロールできる悩み」なのか、それとも「自分でコントロールできない悩み」なのかをきっちり分けることです。

たとえば、日本の政治や経済に不満があったとしても、自分ひとりの力ではそう簡単にどうにかなるものではありません。また、明日は絶対に晴れてほしいと思っていても、残念ながら雨が降ってしまうこともあります。天気などの自然現象もわたしたちにはコントロールできません。

また、「コントロールできないもの」の最たるものが他人の言動です。自分自身の考えや行動はコントロールすることができますが、他人の言動はできません。他人が何を言おうともその口を塞ぐことはできないし、他人が起こす行動をこちらでコントロールすることはできないのです。

これに関して、ひとつエピソードを紹介しておきましょう。国民栄誉賞を受賞した松井秀喜さんが、まだ現役野球選手だったときの話です。

松井選手は、巨人からニューヨーク・ヤンキースに移籍した1年目のシーズン、極度のスランプに陥っていました。ホームランバッターとして期待されて入団したのに、試合ではなかなか打球が上がらず、ボテボテの当たり損ねのゴロばかり……。ニューヨークのメディアは、そんな松井選手を「ゴロキング」と呼び、連日のように酷評しました。しかしながら、松井選手はあるインタビューにおいて記者から「マスコミからゴロキングなどと言われて気にならないか」という質問を受けたところ、平然として次のように答えたのです。

「全然気になりません。記者さんたちが書くことは僕にはコントロールできません。僕は自分でコントロールできないことには関心を持たないことにしてるんです」

この言葉を聞いて、私は〝さすがは一流のアスリートだ〟と思いました。松井選手は、自分でコントロールできないものに心を乱されるのは意味がないから、周りの声など気にせず、自分でコントロールできるものだけに関心を持とうと割り切っていたわけですね。

一流のアスリートたちはみな、自分でコントロールできないことには耳を貸さず、自分でコントロールできることのみを徹底して追究しています。アスリートにとって、いちばんのコントロールの対象は自分の心身。だから、日々練習をして鍛錬を積み、自分をコントロールして素晴らしいパフォーマンスへとつなげているわけです。

だから、みなさんが悩みを突き詰めていく際にも、「自分でコントロールできないもの」は、最初から除外してしまうほうがいいのです。

とりわけ、最近はライン、X（旧ツイッター）、フェイスブックなど、いわゆるSNSを日常的に利用する人が多く、そこにアップされる自分の評判を気にする人が増えてきています。しかし、SNSへの他人の書き込みは当然ながら自分ではコントロールできません。それに、こうした書き込みを必要以上に気にしたり一喜一憂したりするのは、自律神経のバランスを崩す大きな原因にもなります。

私は、あまりにコンディションの乱れにつながるようであれば、SNSと距離を置くのもひとつの手だと思います。「自分でコントロールできないもの」

にいちいち心を乱されていたら切りがありませんし身が持ちません。私は、つまらないところで自分のコンディションを乱してしまうよりも、松井さんのように周りのことは気にせず、「自分にコントロールできるものだけ」をしっかり突き詰めていったほうがいいような気がします。

「どうでもいいことで悩まない状態」を準備しておく

もうひとつ、優先順位をつけて上手に悩んでいくために、覚えておいたほうがいいコツがあります。

それは、「どうでもいいことで悩まないようにしておくこと」です。

けっこうみんな、「どうでもいい悩み」「たわいのない悩み」を頭の中にたくさん抱えているものです。

例を挙げれば、「部屋を模様替えするのに、どんなカーテンを買おうか」とか、「花粉症予防は注射にすべきか、薬にすべきか」とか、「次の会合のレストランはどこを予約しようか」とか、「連休の旅行先は山か、海か」とか、「子どもの誕生日プレゼントは何にしようか」とか……。なんやかんや言って、こういう悩みって、けっこう多いものですよね。

こういう「どうでもいいつまらない悩み」で頭の中をいっぱいにしていると、「小」の悩みの引き出しがいっぱいになってきて、だんだん解決をしたり片づけたりするのが面倒になってきます。すると、頭の中が次第に散らかってきて、よりいっそう掃除をするのが嫌になる……。すると、自律神経も乱れがちになってくる……。どうでもいい悩みも、ため込んでしまうとボディブローのように効いてくるものなんですね。

ですから、どうでもいい悩みを頭にため込まない心がけが必要なのです。いちばん大切な心がけは、スピード解決です。

「どうでもいいし、どちらでもいいようなことなんだけど、頭を悩ませそうな問題が出てきたな」と思ったなら、とにかく迅速に決めてしまうこと。できれば、問題が出てきたその場で「よし、こっちだ！」と決めるクセをつけておくといいでしょう。少し時間を設けるにしても、「決定を持ち越すのは1日だけ」とか「ネットの評判をチェックしたら、即決断する」とか、自分なりのルールを決め、極力時間をかけないようにするといいでしょう。

また、迷いそうなことに対しては、あらかじめ「こっちにする」と決めておくのもひとつの手です。たとえば、私の場合、着るワイシャツは「白」と決めています。青、グレー、ストライプなどいろいろなタイプがありますが、ひとつに決めていないと、「今日の気分に合うのはこの色かな」「でも、このワイシャツの色はこのスーツには合わないな」などと悩み始めることになる。だから、そういう小さな悩みを湧き起こさせないように「白にする」と決めているのです。

このようにひとつに決めてしまうと、オートマチックに事が進んでくれてラクなのです。「コーヒーと紅茶なら、コーヒーにする」とか、「ビールは最初の1杯だけにする」とか、「捨てるか捨てないかで迷ったら、捨てるほうを選ぶ」とか、あらかじめ決めておくことによって悩まずに済む問題って、けっこう生活の中にたくさんあるのではないでしょうか。

ぜひこういった工夫を駆使して、頭の中の「小」の引き出しをなるべくカラに近い状態にしておくよう心がけていくといいでしょう。「小」の引き出しにこれといった悩みがない状態は、「どうでもいいことで悩まなくてもいい状態」が準備されているということです。そういう準備が整っていると、その分、「中」や「大」の引き出しに力を注ぐことができます。そして、「中」や「大」に入っている「自分にとって大切な悩み」をしっかり悩み抜くことができるようになっていくのです。

つまり、自分にとって大切なことをとことん悩み抜くには、普段から「どうでもいいこと」や「些細なこと」「ちょっと気になること」をしっかりと片づけておいて、煩《わずら》わされないようにしておく姿勢が大切。これも、一流の人はみんな共通してやっていることです。

期限を決めて悩むと、頭のもやもやが激減する

3つのスキルのうちのふたつ目は「極力、時間をかけない」です。

私は、悩みというものは、時間をかければかけるほど重くなってしまうし、解決しにくくなってしまうものだとみています。

だらだらと時間をかける悩み方がいちばんいけません。だらだらと悩んで解決を引き延ばしている人の中には、〝頭の中のもやもやとした悩みを何とかしなくちゃ〟と思いつつも、解決のために何の行動も起こしていないケースが少

なくありません。

しかし、先にも述べたように、頭の中のゴミ（悩み）をいつまでも拾わずにいると、そのゴミが悪臭を放つようになってきたり、他にも目障りなゴミが散らかってきたりして、だんだん収拾がつかなくなってきます。すると、片づけようにもどこから手を着けていいかわからない状態になり、ますます散らかってくる。結果、何の解決も得られないまま、いっそう悩みを増やして頭の中のもやもや度を深刻化させていってしまうわけです。

ですから、悩みとの勝負は、時間をかけずに、短期決戦のつもりで臨むべきです。

とにかく、ゴングが鳴ったなら一気呵成《いっきかせい》に勝負をつける。頭の中の「悩みの引き出し」を開けたなら、悩みを一発KOするつもりで攻めていくといいでしょう。短い時間の中で攻めて攻めて攻めまくり、悩んで悩んで悩みまくるのです。もし、相手がそう簡単に倒れてくれないのであれば、いったん引き出しの中に引っ込んでもらい、翌日引き出しを開けて再戦したら、またゴングと同時に攻めまくる。そうやって、相手がダウンするまで攻めて悩み抜き、ひとつひとつの悩みに勝利していくようにするのです。

ただ、なかにはいくら攻めてもなかなかダウンしてくれない〝タフな相手〟もいると思います。そういうタフな相手には、期限を決めて戦うのがおすすめです。

たとえば、この相手（悩み）とは3日のうちに決着をつけようと思ったなら、3日間とことん悩み抜いてみて、3日目の最終日、最後の最後で出した答えに従うようにするのです。そして、そこで出した答えには、もう文句は言わない。これは、さしずめ「判定勝利」「PK合戦での決着」のようなものですが、試合終了の笛が鳴るまでとことんやり抜いてとことん悩み抜けば、それで「あきらめ（明らめ）」がつくのです。そこまでやり抜いて「片をつけた」という気持ちがあれば、どんな答えを出していようとも迷いや悔いが後に残らないわけですね。

また、なかにはどちらを選べばいいのか、答えが出ないような悩みもあります。どちらの道も正しいし、どちらの道にも興味がある。でも、ふたつのうちどちらかの道を選ばなくてはならない……。そんな分かれ道で悩んだときも、やはり期限を決めて悩むようにするといいでしょう。こちらの場合も、悩みの大きさごとに1日、3日、1週間などと期限を設け、ギリギリまでしっかり悩み抜いてみて、最終的にたどり着いた答えに従うのです。

この期限を決めた悩み方をしていれば、後になって悔やむこともありません。中途半端に悩んでいると、〝やっぱりあちらの道にしておけばよかったかなあ……〟〝向こうを選んでいればこんなことにならなかったのに……〟といったもやもやした思いが出てきてしまうことでしょう。でも、期限ギリギリまで悩み抜くと、「あきらめ(明らめ)」がついて、自分が選んだ道を信じて歩いていけるようになるのです。

繰り返しますが、悩みというものは時間をかければかけるほど、重くしぶとい相手となり、問題は解決しにくくなっていきます。でも、反対に、いつも時間をかけることなく短いラウンドでKOしていると、だんだん相手が小さく見えてきて、どんな相手がかかってきても軽く解決できそうな自信がついてくるものなのです。普段から時間をかけずに解決していると、次第に問題解決力がついてきて、悩みに対して強い気持ちで臨めるようになるんですね。

要するに、いつもスピーディに相手をKOしていると、次第に〝そうか、こうすれば、悩みに対して強くなれるんだ〟という感覚が備わってくる。その感覚をつかむことが大事なのです。

別に、最初から強大な相手をKOしなくても構いません。小さい悩みならあっさり1ラウンドKOすることができるでしょうから、そういう小さい勝利をひとつひとつ積み上げて自信をつけていくといいでしょう。

とにかく、日々「スピード解決」「ＫＯ勝利」を積み重ねて、〝そうか、こうすれば勝てるんだ〟という「勝ち方」の感覚をつかんでいくことが大切。どんな勝負事にも言えますが、「勝ち方」を覚えるということはとても重要なスキルなのです。

「Ｔｏ Ｄｏ リスト」をつくって悩みを書き出す

みなさんは日々の仕事で「Ｔｏ Ｄｏ リスト」をつくってはいないでしょうか。ノートや付箋などに「今日やるべきこと」「いまの自分が解決すべき問題」などをすべて書き出しておいて、そのリストを見つつ、優先順位の高いものから順に取り組んでいくわけですね。

この習慣は、ぜひ悩みを解決するのにも利用してほしいと思います。

3つのスキルのうちの最後は「悩み事の問題点を書き出す」。これは簡単に言えば、悩みに関する「To Do リスト」をつくるということなのです。

私はそもそも、悩み抜くという行為は、「書き出すこと」なしには成立しないと思っています。

悩みというものは、頭の中で煙のようにくゆらせているだけではダメ。頭の中で何となく思っているだけでは、いったい何が問題であって、何に対して悩んでいるのかさえはっきりとしません。〝これはまずいなあ〟とか〝何とかしなくちゃいけないなあ〟といったことは頭に浮かんでいるのでしょうが、それだけでは、もやもやした状態のまま一向に問題点が見えてこないのです。このため問題解決などの具体的アクションにつながりづらく、何も変わらないまま、みすみす問題を大きくしてしまうケースが多いんですね。

だから、書かなくてはどうにもなりません。

「ちゃんと悩む」ということは、「ちゃんと書く」ということ。みなさんも、頭の中の悩みを解決しようという気があるのであれば、それを書き出すことが必須条件だと思ってください。

頭の中のことを〝文字というカタチ〟にして書いてみると、多くの発見が得られます。きっと、書いてみて、〝そうか、自分はこういうことに悩んでいたんだ〟〝自分の悩みの問題点はここだったんだ〟といったことに初めて気づかされる場合も多いことでしょう。

私は、文字にして書き出すことは、自分を「あきらめる」ことにつながると思っています。先にも述べたように、「あきらめる」は「明らめる」。すなわち、書き出すことは自分の頭の中のことを明らかにして、自分の心の状態を明らかにすることにつながっていくわけですね。

それに、悩みの内容を具体的に書き出してみると、そもそもいったい何が問題であって、その問題を解決するにはどういう方法をとるのが適切なのかといったことも見えてきます。そして、問題点や解決法が見えてくると、脳もその気になってきて、〝よし、じゃあ、今度からはこうしよう〟〝これを行動に移してみよう〟といったアクションをとるようになってくる。すなわち、悩みを書き出すことによって、初めてその問題が解決へ向けて動き出すようになるわけです。

ですから、ぜひ仕事の「Ｔｏ Ｄｏ リスト」をつくるようなつもりで「お悩み解決リスト」をつくり、問題点を書き出していくようにしてください。

悩みの問題点の書き出し方にはいろいろな手法があると思います。

たとえば、上司との相性が悪くて悩んでいるのであれば、「相手のいちばん嫌なところはどこか」「相手から受ける仕打ちでいちばん嫌なことは何か」「自分が本当に我慢できないのはどの点なのか」「じゃあ、我慢できることは何か」「いったいどこまでなら我慢できるのか」といったように、自分の中の感情を掘り起こすように書き出していくのです。そうやって、もうこれ以上掘り起こせないというところまで掘ってみれば、自分の考えがはっきりして、これからどう対処をすればいいのかが見えてくることでしょう。

また、仕事や人生などで岐路に立ち、AとBのどちらの道を進んだらいいかで悩んだようなときは、「Aの道を進んだ場合は、こんなメリットがあって、こういうデメリットがある」「Bの道を進んだ場合は、こういうメリットがある一方、こんなデメリットがある」といったように、メリットとデメリットを徹底的に書き出してみるといいでしょう。もうこれ以上書き出せないというくらい挙げてみれば、自分が本音の部分でどちらの道を望んでいるのかが見えてくるはず。それが見えてきたら、素直に従っていけばいいのです。

さらに、「この会社で自分がやりたいことがわからない」とか「自分の進むべき道がわからなくなった」といった悩みを抱いたときは、マインドマップをつくってみて自分の方向性やポジションを再確認してみるのもいいでしょう。

よく知られているように、マインドマップとは、自分のやりたいことや求めていることなどを芋づる式に洗い出していく手法です。

そのほか、錯綜《さくそう》した人間関係や仕事上の利害関係なども、地図のように書き表わしてみると全体像がつかめて、問題点が見えやすくなります。こうした「見える化」「マップ化」のスキルに関してはビジネス書やネットなどでも数多く紹介されているので、ここではくわしいことは述べません。ぜひいろいろな手法を使いながら悩みを書き出して、自分の頭の中を〝明らめて〟いくようにしてみてください。

とにかく、悩みを書き出したノートやメモは、自分が「ちゃんと悩んだんだ」という〝証拠〟のようなもの。私は、悩み抜くためには、こうした物的証拠が必要だと思っています。

つまり、たくさん書き出した証拠があると、「自分はちゃんと悩み抜いたんだ」「やれることはすべてやったんだ」「考えられることはすべて考えつくしたんだ」

夢
性格
自分が
やりたいこと
学び
体

という確信を持てるようになる。そして、悩み抜いた確信があると、人は自信を持って「次のステップ」に進んでいけるのです。

きっと、書き出すか書き出さないかで、人が前に進める幅、成長できる幅はかなり違ってくるのだと思います。悩みを頭の中だけにおさめていてはいけません。みなさんも悩みを書き出すことで壁を乗り越え、ステップを上がっていけるようにしましょう。

「悩み抜けるかどうか」ですべてが決まる

ここまで、合理的・効率的な悩み方を身につけるための「3つのスキル」を紹介してきました。

いかがでしょう。みなさん、悩み方ひとつでわたしたちの日々がいかに大きく変わるかおわかりいただけたでしょうか。

こういう心の習慣は、やっている人はちゃんとやっている、やっていない人はまったくやっていないということが多いもの。でも、やっている人とやっていない人との間では、少しずつ差が開いて、何年何十年という長い月日が経つうちに、まさかというくらいの差がつくものなのです。

そもそも、悩みは「ある」のが当たり前。どんなにお金持ちの人にも、外からはどんなに恵まれた環境に見える人にも悩みはあります。境遇の違いはあれ、「悩みがある」という点ではみんな変わりがないのです。

ただ、「悩みがある」という点では一緒でも、「どんな悩み方をしているか」はひとりひとり大きく違います。悩み方がうまい人は次々に壁を乗り越えていくし、悩み方がヘタな人はいつまでも壁の前に留まったまま。成功の度合いに差がついたり、技術の習熟度に差がついたり、他人からの信頼の度合いに差がついたり……いつのまにか個々人に大きな差がついてしまうのは、ひとえに「悩み方がうまいかヘタかの差」から来ていると言ってもいいでしょう。

悩みというものは、悩み抜かないと絶対に消えてくれません。中途半端な悩み方をして、悩みを消さずに残していると、再度その問題を蒸し返すことになります。でも、もうこれ以上悩めないというラインまで悩み抜いていれば、その悩みも消えてなくなるし、その問題が蒸し返されることもないのです。問題を中途半端に残して後々まで引きずるか、それとも、問題をすっきり解決して心残りなく次のステップへ進んでいくか。この両者の差はかなり大きいと言えるのではないでしょうか。

それに、とことん悩み抜いて悩みを消し去っている人は、その悩んだ経験を自分の力にしていくことができるのです。すなわち、悩みを解決したことで「悩みに打ち勝った」「悩みをKOしてやった」という自信がついて、その自信を次のステップをクリアするバネにしていけるんですね。だから、壁にぶつかるたびにしっかり悩み抜いている人は、壁を越えるごとに自信をつけ、そのたびに大きくジャンプアップしていくことができるのです。

また、このように悩みを自分のバネにしていけるようになると、だんだん「悩むこと」が嫌なことではなくなってきます。ひとつひとつ悩みをクリアするたびに自分が強くなってくるのがわかるため、次第に自ら進んで悩みに向かっていくようになるのです。

実際、一流アスリートの多くは、自分で自分を悩ませるようなハードルを設定することにたいへん積極的です。つまり、高い壁を設定して、「その壁を悩み抜いて乗り越えていく」という試練を自分に課すことによって、自分の「内なる力」を引き出そうとしているわけですね。

その域まで行けば、悩みはもう「一緒にレベルアップを目指す友達」のような存在なのかもしれません。一流レベルで活躍する人たちの目から見れば、悩みは決して遠ざけたりうっとうしがったりするものではなく、「親近感を持って接すべき対象」なのではないでしょうか。

それともうひとつ、悩み抜くことの大きなメリットを挙げておきましょう。悩み抜くことは「とても健康にいい」のです。

きっと、みなさんは逆のイメージをお持ちかもしれません。とことん悩むという作業に対して、ストレスがたまったり病気になったりするイメージを持つ人も多いのではないでしょうか。

でも、じつは中途半端に悩むほうがよっぽど体に悪い。半端に悩みを残してしまうと、同じ悩みが何度も何度も顔を出すことになり、そのたびごとにじわじわとストレスに悩まされるようになります。心身が受けるダメージはこのほうがずっと大きいのです。

後でくわしく述べますが、悩み抜く習慣がついていると、自律神経のバランスも高いレベルで整ってきます。ストレスにも強くなり、免疫力も上がってきて、病気にもかかりにくくなります。悩み抜いていると、悩みに打ち勝つだけでなく、病気や不調にも打ち勝てる強さがついてくるのです。言い方を変えれば、「悩み抜くこと」は、わたしたちにとって「最強の健康法」と言ってもいいのではないでしょうか。

「はじめに」でも述べたように、私はこれまで数多くの方々のコンディショニング指導やパフォーマンス向上の指導に関わってきました。そして、力を出せる人と出せない人とではいったい何が違うのか、心身のパフォーマンスを向上させるカギはいったい何なのかというテーマをずっと追いかけてきました。

そんな中、最近、私は何となくひとつの結論にたどり着いたような気がするのです。それは――、

「やはり『悩み抜けるかどうか』ですべてが決まるのかもしれないな」

――ということです。

よく考えてみれば、仕事を成功させられるかどうかも、健康をキープできるかどうかも、技術や力量を高められるかどうかも、自律神経を整えられるかどうかも、日々をよりよく生きていけるかどうかも、すべて「悩み抜けるかどうか」がカギを握っていると言ってもいいのです。

悩み抜くという作業は、ひとつの「明らめ作業」であり、ひとつの「乗り越え作業」でもあり、また、「自分を成長させていく作業」でもあります。この心の作業をちゃんとやっていけば、わたしたちは、もっと人生を強く生きられるようになるし、もっと充実した人生を生きていけるようになるのではないでしょうか。

私はそう思います。

悩み方のコツなんて、学校では教えてくれません。親だって、大学の教授だって教えてはくれません。「中途半端に悩むよりも、悩み抜いちゃうほうが、結果的にラクだし、強くなれるんだよ」なんて、いったい誰が教えてくれるでしょうか。

でも私は、人が生きていくうえでいちばん学ばなければならないのは、まさにこういうことなのではないかという気がしています。

そう。人生においていちばん重要なのは「悩み方のコツ」を学ぶことであり、「悩み抜く力」をつけていくことなのです。

第2章

うまく悩めば、「悪い流れ」を「いい流れ」に変えられる

——悩み抜く人は、仕事でも人生でもよい結果を出すことができる！

いつも悪い流れにハマるのは、悩み方が悪いせい

みなさんは〝あのとき、別の道を進んでいれば、いまよりもずっといい人生を送っていたかもしれないのに……〟といった後悔をすることはないでしょうか。

人生にはたくさんの分かれ道があり、どこで道を間違うかわかりません。あまり深く考えずに流れのままに人生を歩んでいると、自分でも気づかないうちに悪い流れにハマってしまうこともあります。その流れに乗って流されるままに進んできたら〝いつの間にかこんなヘンなところに行き着いてしまった〟ということもあるかもしれません。

いったい、こういう流れは変えられないのでしょうか。悪いほうへ流れてい

くのは運命のようなものであって、自分の力では変えることができないのでしょうか。

いや、私は違うと思います。

流れは変えられます。

たとえ自分のコンディションが悪い流れになってきても、いい流れへと変えていける。健康状態が悪い流れになってきても、いい流れへと変えていける。スランプに陥って悪い流れから抜け出せなくなっても、調子がいいときの状態へと変えていける。それと同じように、人生が何をやってもうまくいかないような悪い流れにハマッてしまったとしても、いい流れに変えていくことができるのです。

「悪い流れ」から「いい流れ」へと流れを変えるカギは、「自律神経」と「悩み方」です。

自律神経も、悩みも、悪い流れのまま放っていると、どんどん悪い方向へ向かっていってしまう傾向があります。しかも、何も手を打たずに流されていると、いろいろなことが停滞してうまくいかなくなり、ますます悪循環サイクルにハマッていってしまうようになります。

しかし、この悪い流れは断ち切ることができる。悩み方を変えて自律神経のバランスを整えていけば、悪い流れを断ち切って、いい流れへとシフトしていくことができるのです。

私は、この「流れの変え方」を知っているかどうかによって、人生は大きく差がつくと思っています。日々の健康コンディションをいい流れに持っていけるかどうかも、日々の仕事で成果を出せるかどうかも、スポーツでよい結果を出せるかどうかも、この「流れの変え方」を知っているかどうかでとても大きく変わってくるのです。

この第2章では、自分の流れを変える悩み方や自律神経の整え方について述べていくことにしましょう。

悪いほうへ傾くときには必ず自律神経が乱れている

まずみなさんに知っておいていただきたいのは、何事であろうとも、物事が悪いほうへ傾くときは必ず自律神経が乱れているということです。

人の好不調は、すべて自律神経のバランスで決まってきます。健康も、仕事も、自己実現も、人間の生命活動の調子の良し悪しは、すべて自律神経がカギを握っていると言っていいでしょう。

たとえば、「最近、調子がいいな。体もよく動くし、仕事も順調だし、何となくいろいろなことがうまくいっているな」というときは、自律神経のバランスが整っているときです。そういうときは、身の周りのいろいろなことが「いい流れ」の輪の中でつながっていきます。一方、「どうも最近調子が悪いな。

体の具合もよくないし、仕事のほうも不調続きだし、何をやってもうまくいかないな」と感じられるのは、自律神経のバランスが乱れている証拠です。こういうときは、いろいろなことが「悪い流れ」の中にハマッてしまっているということになります。

とにかく、どんな病気も、どんな仕事の不調も、どんなスランプも、元を正せば自律神経の乱れに行き着くもの。すべての不調は自律神経の乱れから始まると言っても過言ではないのです。

ですから、悪い流れにハマらないためには、自律神経を乱れさせることがないように、普段から注意していなくてはなりません。

では、自律神経はどんなシチュエーションのときに乱れるのでしょうか。私は、自律神経が乱れる状況は、次の5つに集約されると考えています。

①余裕がないとき（時間がないときも含む）
②体調が悪いとき
③自信がないとき
④想定外のことが起きたとき（事故や天災、人間関係トラブルなども含む）
⑤環境が悪いとき（悪天候、騒音、満員電車の混雑なども含みます）

こうした状況によって自律神経のバランスが乱れてくると、わたしたちの心身のコンディションは大きく低下して、自分本来のパフォーマンスを発揮することができなくなってきます。すると、焦りからミスや失敗をすることが多くなり、いろいろな物事が思い通りにいかなくなってくるのです。

みなさん、このように「思い通りにいかないこと」が多くなってくるとどうなると思いますか？

そう、「悩み」が発生するのです。

もともと、「自律神経の乱れ」と「悩み」とは根っこが同じようなもの。自律神経が乱れて思い通りにいかないことが多くなれば悩みが生じるし、思うようにいかない悩みがあると自律神経が乱れてくるのです。

ですから、当然ながら、悩み方がヘタで、普段から思い通りにならない悩みをたくさん抱えている人は、自律神経を乱しやすく、「うまくいかない悪い流れ」にハマリがちになります。一方、悩み方がうまく、普段から上手に悩みを解決している人は、自律神経をよい状態にキープして、自分を「うまくいくいい流れ」にシフトしていけるようになります。

つまり、日ごろどんな悩み方をしているかによって、自律神経のコンディションが大きく左右されるのです。だから、自分をいい流れに乗せていけるか、悪い流れに乗せてしまうかは、その人の悩み方によって決まるようなもの。仕事も、健康も、スポーツや自己実現も、すべての調子がいいか悪いかの「流れ」には、悩み方が大きく影響しているのです。

自律神経のタイプは悩み方の傾向にも表われる

悩み方と自律神経はセットです。いい悩み方をしているときは、自律神経も好調に働きます。悪い悩み方をしているときは、自律神経が不調に傾いていきます。

ここでちょっと、自律神経のコンディションに悩み方がどのように関係してくるのかを整理しておくことにしましょう。

みなさんご存じと思いますが、自律神経には「交感神経」と「副交感神経」のふたつがあります。交感神経はアクセルの役目を果たしていて、心身が緊張しているときに優位になる神経。副交感神経はブレーキの役割を果たしていて、心身がリラックスしているときに優位になる神経です。交感神経と副交感神経は、ほぼ均等にバランスよく働くのが理想であり、通常は「自律神経のバランス」というと、この両者のバランスを表わします。

ただ、〝じゃあ、バランスさえよければいいのか〟というと、そうでもありません。

じつは、自律神経には「レベルの高さ」も大切なのです。たとえ、交感神経と副交感神経のバランスがよくても、両者とも低いレベルではダメ。自律神経がもっともよく機能するのは、交感神経と副交感神経の両方が高いレベルでバランスよく働いているときなのです。

「レベル」と「バランス」の要素を勘案《かんあん》すると、自律神経のコンディションは、大きく4つの傾向に分かれることになります。そして、人はこの4つの傾向に呼応して、それぞれ特徴的な悩み方をしているものなのです。

みなさん、次ページのマトリクスを見てください。

縦軸が交感神経のレベル、横軸が副交感神経のレベルを表わしていて、自律

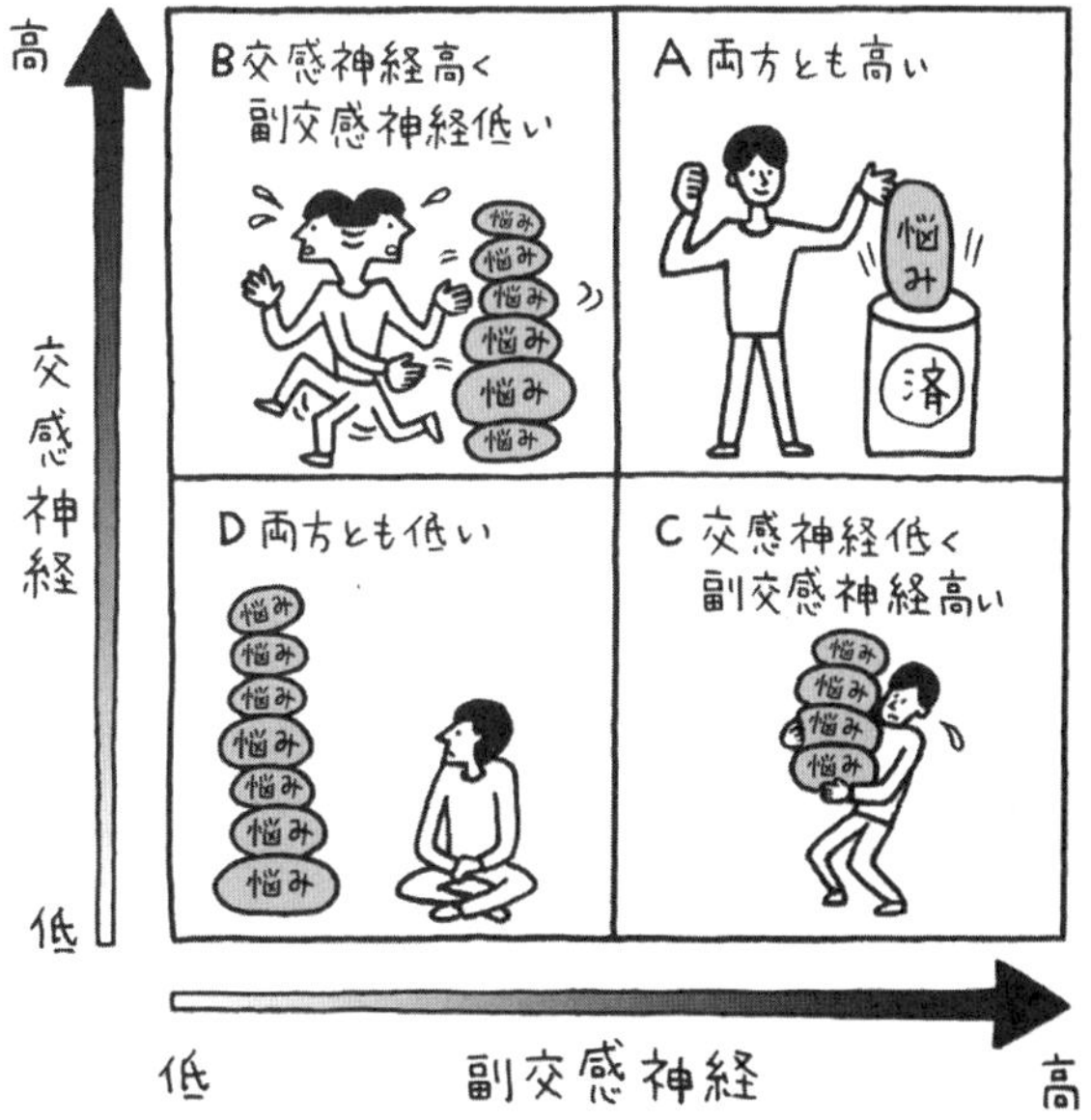
高
交感神経
低
B交感神経高く
副交感神経低い
悩み
A両方とも高い
悩み
済
D両方とも低い
悩み
C交感神経低く
副交感神経高い
悩み
低
副交感神経
高

神経の傾向がA、B、C、Dの4つのタイプに分かれています。この4つそれぞれに特徴的な悩み方の傾向があるわけです。

では、それぞれのタイプの傾向と悩み方の特徴を簡単に説明しましょう。

A：交感神経と副交感神経の両方とも高いタイプ

Aタイプはもっとも理想的な状態です。交感神経と副交感神経とがハイレベルで安定していると、アクセルを踏むべきときはアクセルを踏み、ブレーキをかけるべきときはブレーキをかけて、自分の心身を絶妙のバランスでコントロールしていくことができます。これは自分の能力をもっとも発揮できる状態。一流のアスリートやアーティストのほとんどはこの理想バランスをキープしています。

なお、このタイプの人は、小さな悩みも軽んじることなく、きちんと問題を解消していく姿勢を持っています。たとえ高いハードルを感じるような悩みでも、前向きな攻めの姿勢で悩み抜く。だから、ひとつひとつ壁を乗り越えて、自分のレベルを高めていくことができるのです。

B：交感神経が高く、副交感神経が低いタイプ

Bは、現代人にもっともよく見られるタイプです。交感神経が一方的に高く、アクセルばかりを踏んでいて、副交感神経のブレーキがあまり利いていません。日々朝から晩まで仕事や家事のことが頭から離れず、常にストレスに追われてピリピリ、イライラしているような状態だと言えるでしょう。こうした状態が続くと、心身ともに病気や不調などのトラブルに陥りやすくなります。

また、このタイプの人には、大小の悩みを解決するのを後回しにしてしまう人が少なくありません。解決しなくちゃという気持ちはあるのですが、あまりに忙しく、気持ちに余裕がないために、数々の問題を棚上げにしてしまうのです。ただ、そういった放置していた問題が後になってこじれてくることも多い

ものこれにより、いっそう余裕がなくなり、いっそう悩みやストレスがたまって悪循環にハマッていってしまう場合もあります。

C：交感神経が低く、副交感神経が高いタイプ

Cは、Bとは逆にブレーキが利きすぎているタイプ。交感神経があまり高まらず、アクセルを踏み込めないために、いつものろのろ運転をしているような状態です。このタイプは、少々リラックスしすぎであり、注意力散漫でケアレスミスが多い傾向があります。本人はまじめにやっているつもりでも、周囲から「やる気があるのか」と誤解されることも多く、うつ病に陥りがちな傾向もあります。

悩み方としては、高いハードルの問題にチャレンジするものの、失敗してしまい、その後悔を後々まで引きずる傾向があります。かと言って、そうした悩みを積極的に解決しようとするわけでもありません。結果、大小の悩みをたく

さん抱え込み、次第にストレスでがんじがらめになり、身動きがとれなくなってしまうのです。

D：交感神経と副交感神経が両方とも低いタイプ

Dタイプはアクセルとブレーキの両方とも利きが悪い状態です。交感神経、副交感神経のレベルが両方とも低いと、たいへん疲れやすく、気力や覇気も感じられず、生活の活動度が低い状態になることが少なくありません。アクセル、ブレーキの働きが落ちているため、ちょっと車を動かしただけでくたびれてしまうのです。長年にわたってストレスの多い生活や睡眠不足の生活を送っていると、このように自律神経の働きが全体的にダウンしていってしまう傾向があります。

このタイプは、すべてにおいて無気力傾向があり、悩みがあってもそれを何とかしようという気がない場合が多いもの。壁に対して高いハードルを感じてしまい、それを乗り越えようとする前に断念してしまうのです。結果、その壁の前でいつまでも動けないまま、現状に甘んじていくことになります。

いかがでしょう。こうやって見ていくと、自律神経と悩み方がいかにリンクしているかがおわかりいただけるのではないでしょうか。

みなさんは、ご自身を振り返ってみて、どのタイプだと思いますか？　きっと、「自分はだいぶ自律神経が乱れているほうだな」と思った方も多いのではないでしょうか。

でも、だからといって気に病むことはありません。

どんな人でも自律神経は乱れてしまうもの。悩みがない人なんていないのと同じように、自律神経がまったく乱れていない人なんていません。

Aの理想タイプの人たちだって自律神経が乱れることがあります。ただ、この人たちは、自律神経のバランスを整えるコツを知り、悩みを解決するコツを知っています。だから、乱れを最小限に留めて、いいコンディションをキープしながら自分の力を発揮していけるのです。

また、B、C、Dのタイプの人でも、これから自律神経の整え方や悩み方を変えていけば、自分を理想タイプに変えていくことができる。そして、そうやってコンディションを整えながら「乱れない自分」をつくっていけば、ひとつひとつ悩みや壁を乗り越えて、「悪い流れ」を「いい流れ」へと変えていけるようになっていくのです。

どれだけ準備をしたかで、すでに勝負は決まっている

みなさんは、悩みにぶつかったとき、いちばん自分が乱れてしまうのは、どういう状況だかわかりますか？

それは、悩みに「不意打ち」を食らったときです。すなわち、「まさかこんな問題が出てくるとは思わなかった」という想定外の悩みやトラブルが出現したとき。そういうとき、自律神経は大きく乱れ、冷静ではいられなくなり、自分を見失って本来の力を発揮できなくなってしまうのです。

大事なときにこんな不意打ちを食らったらたいへんです。たとえば、受験のとき、決勝の試合のとき、結婚式のとき……。人生を決める大事な日に、不意打ちに見舞われたら、それまでの努力が水の泡になりかねません。

では、そういう目に遭わないためには、いったいどうすればいいのか。

打てる対策は、ただひとつ。

それは、「準備」です。できる限りの準備をして、悩みそうな不安要素をすべて潰しておく。大事なときに不意打ちを食らわないように、打てるだけの手を打って「予防線」を張っておくのです。大切なときにつまらないことで乱されることのないように、悩みが現われてこないような手筈を整えておくわけですね。

この準備は、念には念を入れて行なわなくてはなりません。自分の中で〝さすがにこれだけやっておけば大丈夫だろう〟と十分に納得がいくまでやっておいたほうがいいと思います。

すなわち、準備を「やり抜くこと」が大事なのです。

一流の人たちはみな、この「準備をやり抜くこと」の大切さを知っています。

たとえば、サッカーやラグビーの日本代表の選手たちは、よくゲーム後のインタビューで「次の試合もしっかり準備をして臨みます」といったことを話しますよね。これは、いいパフォーマンスを発揮するために「準備をやり抜くこと」が、いかに大切であるかを嫌というほど知っているからなのです。

準備が中途半端だと、いつどんなところから悩みやトラブルが出てくるかわかりません。悩みやトラブルが出てくると、てきめんに自分のパフォーマンスに影響が表われてしまいます。だから彼らは、準備できることをやり抜いて、潰せる不安要素をすべて潰していくのです。

準備できることはすべて準備して、「これ以上やれることはない」というくらいまでやり抜いていれば、乱れなくて済みます。「準備をやり抜いた」という感覚があると、自律神経もバランスよく整い、悩みを心配することもなく、安心して自分の持てる力を発揮できるのです。

ちなみに、これは手術をするときも一緒です。手術中はどんな緊急事態が起こっても不思議ではありません。だから、一流の外科医はあらゆる事態を想定し、逐一シミュレーションをして、徹底的に準備をするのです。頭の中にあらゆる不安要素を抽出し、思いがけない展開になることも想定に入れながら、手術開始から手術終了までの流れを全部シミュレーションしていくため、手術前には「もう手術が終わっているかのような感覚」になることが少なくありません。

要するに、準備をしっかりやり抜いたことによって、開始前の段階ですでに「手術という勝負」に勝っているのです。これと同じように、仕事も、スポーツも、試験も、すべての勝負事は、どれだけ準備をすることができたか、どれだけ不測の不安要素を消すことができたかによって決まってくると言っていいでしょう。

前にも述べたように、一流の人は「自分がコントロールできないこと」に対しては興味を持ちませんが、「自分がコントロールできること」に対しては、徹底的に悩み抜いているものです。

準備は自分でコントロールできます。だから、一流の人は万全をつくして準備をするのです。

小さな悩みにまで細かく目を配り、それらにすべて手を打って準備していれば、悩みがしゃしゃり出てくる不安も消え、自律神経のバランスが高いレベルで安定するようになります。そして、自律神経がハイレベルで整ってくると、自分の心と体を操りながら絶妙のバランスでコントロールしていけるようになってきます。

言わば、一流の人たちは「準備＝自分でコントロールできること」に最大限の力を注ぐことによって、自分の心と体を自在にコントロールしていこうとしているわけです。万全をつくして準備をし、万全をつくして自分を整えて「乱れない自分」をつくっているわけですね。

つまり、ここいちばんの勝負に臨む前に「準備をやり抜く」「不安要素を消す」「乱れない態勢をつくっておく」といった「自分との勝負に勝つ」ことが重要なのです。

その勝負に勝っていれば、人は自分をコントロールして、自分本来の力を発揮していけるようになります。そして、ここいちばんの勝負どころという場面でも、慌てることなく目の前の流れをよりよい方向へシフトしていけるようになるのです。

「うすうす」を察して、不安や悩みに先回りする

準備の大切さについて、もう少し続けましょう。

みなさんは、不安や悩みの出現の気配をうすうす感じることはないでしょうか。〝何かこの人は危なそうだな〟〝何となくこの問題は後でこじれそうだな〟などと、不安や危険のニオイをキャッチしてしまうのです。

たとえば、１週間後に大事な商談があって、その資料づくりを若手の部下にまかせたとします。その部下は「まかせてください、がんばります」と言ったものの、あなたは〝まかせて大丈夫かな〟と一抹の不安を感じていたとしましょう。そういう「うすうすの不安」はけっこう当たってしまうもの。商談当日になって、「すみません！　できませんでした」とその部下に開き直られたり、

その部下が忽然《こつぜん》と会社を辞めて消えてしまったり……。そんなふうに、トラブルに不意打ちされることって、たまにありますよね。

まあ、突然の事故のようなものですから仕方がない面もあります。でも私は、こういう悩みに対しても、できるだけの準備をしておくべきだと思うのです。

つまり、〝本当に大丈夫かな〟〝何か危なそうだな〟と「うすうすの不安」を感じたなら、後で不意打ちを食らうことのないよう予防線を張っておくのです。

先ほどの「資料づくり」だって、「うすうすの不安」を感じた時点で「3日前には見せてね」「進捗状況はちゃんと報告しろよ」などと言い含めておけば、大事には至らなかったはず。悩みを増やしたり大きくしたりしないためには、危機を未然に察知して対応する能力がけっこう大切なのです。

ちなみに、一流のアスリートには勘や嗅覚にたいへん優れていて、危機を未然にキャッチするのが得意な人が少なくありません。アスリートには好調のときもあれば、スランプのときもあります。ですから、彼らは調子の波が変わる兆候に非常に敏感です。ほんのわずかな違和感でもあれば、〝これは調子が落ちてきているサインかな〟〝この感じは、調子のいいときのパターンかな、それとも調子の悪いときのパターンかな〟といったように捉えます。そして、調子が悪いほうへ行かないように、できる限りの手を打っているのです。現役時代のイチロー選手などは、バットスイングにほんの1ミリの違和感でも覚えれば、それを少しでも早く修正するべく、いつもよりよけいにトレーニングをしていたそうです。

ただ、一般人であるわたしたちも、仕事や生活などのいろいろなシーンで、〝これはいつもの悪いパターンかもしれないな〟〝何だか前に失敗したときと同じ道をたどっているような気がするな〟といった「変化の予兆」を感じ取っているはずです。

ですから、このような「変化の予兆」「悩みの予兆」「悪くなっていく予兆」を感じたなら、その感じを放置することなく、早め早めに対策をとるようにしていくといいのです。

たとえば、普段から頭の中で「悩みの芽・不安の種・警戒網」のような予防線を張っておき、それに少しでも引っかかったものは、すべて芽を出す前に処理していくような、そんな感覚を持つようにするといいのではないでしょうか。そういう警戒態勢を敷いていると、悩みや不安などの〝事件〟を引き起こしそうな人や物事にあらかじめ目をつけておくようになります。そして、〝事件〟を引き起こす前に、こちらから先回りして解決することができるようになっていくものなのです。

それに、普段からこうした予防線を張っていると、自分が悪い流れに入りそうになったときにも、その兆しを未然にキャッチして修正をしていくことができるようになります。いい流れをキープしている人、悪い流れになってきてもいい流れに変えていける人は、みんなこういうことに注意を払って対策を講じているものなのです。

ぜひみなさんも、準備を怠ることなく、不安や悩みに先回りする感覚を身につけていくようにしてください。そして、流れの変化をいち早くキャッチして、「いい流れ」を手放さないようにしていきましょう。

監督になったつもりで、流れを読んで冷静な決断を下す

「流れ」というものは不思議です。ほんの小さなきっかけで「いい流れ」になったり「悪い流れ」になったりします。勝負事であれば、ちょっとしたことで、流れが相手に渡ってしまったり、またこちらへ戻ってきたりもします。

もっとも典型的なのは、野球の試合ではないでしょうか。

プロ野球などを観ていると、ピッチャー交代のタイミングが遅れて相手に流れが行ってしまったり、相手のエラーやミスで流れが自分のチームへ戻ってき

たりといったことがしょっちゅうありますよね。

しかし、「名将」と呼ばれる監督は、決して相手に流れを渡さないようにしているもの。冷静に流れを読み、あらゆる事態を想定し、さまざまな策をつくして、自分のチームを有利な流れに乗せようとしているものです。きっと、「流れ」さえ手放さずにいれば、あとは選手たちがやってくれると信じているのでしょうね。

私は、自分の流れをいい方向にシフトしていくのにも、これを参考にするといいと思っています。すなわち、プロ野球チームの監督になったようなつもりで、流れを先の先まで冷静に読み、そのための準備を整え、ここぞというタイミングで迷うことなく決断して、的確な策を打っていく——。それが「いい流れ」を手放さないコツなのです。

では、〝監督〟として流れを手放さないためのコツを、ここで少し整理しておきましょう。

①先の先まで流れを読む

いま、自分の仕事や人生の流れがどう傾いているか。このまま行くと、この先、どんな方向へ行きそうなのか、こうした全体像をつかんでおくことが重要です。プロ野球の監督は流れを冷静に分析し、先の先まで読んでいます。このように流れが読めるからこそ、分かれ道に立ったときも「いい選択」ができるし、「いい策」が打てるのです。人生の岐路に立ったときに道を間違わないように、常に「流れ」を意識しておくようにしましょう。

②先々起こるであろう事態に万全の準備をする

先にも述べたように、流れを手放さないためには、あらゆる事態を想定して準備をしておくことが大切です。プロ野球の監督は、いつも最悪のケースを頭に入れて交代ピッチャーを準備したり代打を準備したりしているもの。万全の準備態勢を敷いて備えていれば、安心して目の前の仕事に打ち込めるものなのです。

③悩み抜いて最善の選択をセレクトする

どうすべきか迷ったなら、まずは徹底的に悩み抜いてみること。ギリギリまで悩み抜いて最善の選択肢をセレクトしてください。そして、「これだ！」と決めたら、あとは自分を信じてもう迷わないこと。プロ野球の監督もみんな悩んでいます。ただ、中途半端に悩まず、悩み抜いて決断しているからこそ、選手やコーチ、ファンから厚い信頼を寄せられるのです。

④選択肢が決まったら、タイミングを逃さずにパッと動く

流れを手放さないためには「動くタイミング」を逃さないことも大切。プロ野球でもちょっとしたピッチャー交代の遅れが致命傷になることがありますし、仕事や人生でも、ほんの少しのタイミングの遅れで大きな差がついてしまうこ

とが少なくありません。やるべきことが決まっているなら、あとはタイミングだけ。ここぞというタイミングを見極めてパッと動くようにしてください。

⑤いい結果が出なくても、軌道修正して流れを取り戻していく

最善をつくしても、結果が出ないことはあります。自分のセレクトで悪い流れに入ってしまうこともあるでしょう。そういうときにいちばん大事なのは、悪いほうに傾いた流れをそのまま放っておかずに、流れを少しでも取り戻していくこと。少しずつリカバリーショットを打って軌道修正をしていけばいいのです。辛抱強くできる限りの策を打っていけば、またいい流れに入れるはずです。

いかがでしょう。このように、人生の監督になったつもりで、流れを手放さないためにやれるだけのことをやる姿勢が大切なのです。

いい流れをキープしているということは、野球であれば、試合をコントロールしているということですし、自分に当てはめれば、仕事や人生をコントロールしているようなものでしょう。

そうやって、流れをコントロールしていれば、仕事や人生という〝試合〟で勝てる確率が上がるはずです。絶対に勝てるとは言い切れませんが、少なくとも、「不本意極まるひどい大敗」を喫することはないでしょう。ですから、ぜひやれるだけのことをやって流れを自分の味方につけて、これからの仕事や人生を「勝ちゲーム」にしていくようにしましょう。

止まっていると悩みは深くなる。決断したらとにかく動く

みなさんは、動こうか動くまいかで迷うほうでしょうか。それとも、これで

行こうと決めたら、すぐに動いてみるほうでしょうか。

私は、流れをキープしていくためには、すぐに動くほうがいいと思います。

そもそも、止まっていると、悩みや迷いはどんどん深くなってしまうもの。〝どうしよう、どうしよう〟と、あれこれ考えている間に、流れが変わってしまうことも少なくありません。それに、動かずにためらっているうちに、周りの状況が変わってしまったり、誰かに先を越されてしまったりして、結局何もできないまま終わってしまうこともあります。

それでは到底、流れをつかむことはできないのです。

たとえば、「明日はよろしくお願いします」というメールを送ろうかどうか迷ったとします。そうやって迷っているときに、相手のほうから先に確認のメールが送られてきてしまうと、〝ああ……やっぱりこちらから送っておけばよかった〟と、少し気まずい思いをすることになります。だから、こういうときは、「少しでも迷ったなら、動いておく」という姿勢をとるようにしておくほうがいいのです。

私の場合、雨が降るかどうか微妙な天気のときも、「少しでも迷ったなら傘を持っていく」と決めていますし、トイレに行っておこうかどうかというときも、「少しでも迷ったなら行っておく」と決めています。このように、「少しでも迷ったなら、動いておく」と決めておくと、後になって〝やっぱり傘を持ってくればよかった〟〝やっぱりトイレに行っておけばよかった〟という後悔をせずに済むのです。

まあ、小さなことではありますが、こういう後悔も悩みのひとつのようなもの。「少しでも悩んだなら動いておく」という習慣は、後々になってどうでもいいことで悩まないようにするための準備でもあるのです。

とにかく、流れは常に動いています。こちらも流れに合わせて能動的に動いていかないと、せっかくのチャンスを逸してしまいかねません。いったん目の前の流れに飛び込もうと決めたなら、もう躊躇していてはいけません。タイミングを見計らい、ためらうことなく流れに飛び込んでみるべきなのです。

そうやって普段から躊躇なく動くようにしていれば、自然にチャンスも巡ってくると思います。

よく「チャンスの神さまには前髪しかなく、後ろ髪が生えていない」と言われます。「チャンスというものは、巡ってきたときにすぐにつかまえなくてはならない。後ろから追いかけても、後ろ髪がないからつかまえられなくなってしまう」というわけですね。

もっとも私は、チャンスや運というものは、いい流れを手放すことなく味方につけていれば、向こうからどんどんやってくるものだと考えています。だから、やれるだけのことをやり抜き、できる限りの準備をやり抜いて、いい流れをつくって待っていればいい。そして、チャンスを待ち伏せしてつかまえればいいのです。

「人事をつくして天命を待つ」という言葉がありますが、これは「人事をつくしてチャンスを待つ」と言い換えてもいいでしょう。チャンスが向こうからやってくるような流れをつくるには、やれることをやり抜いたうえで、流れを読んでタイミングよく動いていかなくてはなりません。つまり、人事をつくしてやり抜いていてこそ、チャンスを待ち伏せできるようになっていくのです。

「こうすればうまくいく」というパターンを持つ

私は「流れ」というものにはパターンがあると思っています。いいほうに行くときには、うまくいくパターンの流れがあるし、悪いほうに行くときも、失敗するパターーンの流れがある。

だから、自分にとっての「いいパターン」「悪いパターン」をしっかりつかんでおくようにすることが大切です。誰しも「お、これは調子がいいときのいつものパターンだな」「あれ、たしか以前、これと同じパターンで大失敗をしたことがあったよな」といった感覚を抱くことがあるはず。そういう「いいパターンの流れ」「悪いパターンの流れ」をちゃんと覚えておいて、できるだけ「いいパターン」へとシフトしていく姿勢が大切なのです。

なお、「いいパターンの流れ」をキープしやすくするには、お決まりの「型」をつくるのもひとつの手です。たとえば、プロ野球には「勝利の方程式」と呼ばれる投手リレーをするチームがありますよね。リードした状態で先発投手がマウンドを降りたら、その後は中継ぎを誰それにし、セットアッパーは誰それにして、守護神のリリーフ投手までつないでいく。それで、リードを保ったまま「いつもの勝ちパターン」へと持っていくわけです。

こういうふうに「うまくいくパターンの型」を持っていると、流れを手放すことなくいい結果を出せる確率が高まります。だから、スポーツだけでなく、仕事や人間関係などでも、「こうすればうまくいく」という「勝利の方程式」をつくってしまえばいい。そうすれば、仕事や人生により自信を持って臨んでいくことができるはずです。

ただ、みなさんがそういう「勝ちパターン」を持っていなかったとしても、そんなに残念がることはありません。「勝ちパターン」を持つことよりももっと大事なのは、「このパターンなら、自分は絶対にいい方向へ行ける」という自信を持っていることです。

その自信は、「これだけやり抜いたんだから、いい方向に行くに決まっている」という〝根拠のある自信〟である場合もありますし、「別に理由はないけれど、このパターンでいい方向に行ける気がする」といった〝根拠のない自信〟である場合もあります。いずれにしても、〝いま自分の足が向いている方向に行けば、自分には明るい未来が待っている〟といった自信を強く抱いていると、本当にいい流れになることが多いのです。

また、そういう強い自信を持っている人は、たとえいい結果が得られなかったり悪い流れに傾いたりしても、いつかはいい流れに戻ってこられるもの。不思議なもので、自分に自信を持っていると、舟がどんどんヘンなほうへ行ってしまったり、途中で転覆しそうになったりしても、どこかで舟を乗り換えられたり、助け船に乗ることができたりして、最終的にいい流れに行き着けるものなのです。

きっと、「流れ」というものは、自信がある人に味方するものなのでしょう。みなさんも、これからは「よし、このパターンならいい流れに行けるぞ」という気持ちを意識的に持つようにしてみてはいかがでしょう。

自信が持てないときは信頼のおける人に相談する

世の中には、「自信を持て」と言われても、なかなか自信を持てない人もいます。「決断をすることが大事だ」と言われても、なかなか自分ひとりでは決められない人もいます。

では、そういう人が自分の進路で迷ったり、大きな悩みを抱えたりしたときは、いったいどうすればいいのか。

そんなときは、他人に相談すべきでしょう。

他人に相談すると、自分とはまったく違った角度からの意見が出てくることも少なくありません。医療でも大きな手術や治療を受ける際は「セカンドオピニオン」を求めるのが常識です。判断材料を多くしたい場合は、いろんな人の意見を聞いて決めていくのもいいと思います。

もっとも私は、人が何事かを他人に相談しようというときは、だいたい自分の中で「こうしたい」という答えがすでに決まっているのではないかと思っています。つまり、もう答えは出ているのだけれど、自分の出した答えに自信がないから、誰かから「そうしたほうがいいよ」と言ってもらいたくて相談をしているケースが多いのですね。そういうふうに、他人から背中を押してもらわないとなかなか行動に移せない人はけっこう多いものなのです。

ただ、これにより〝やっぱりこの答えで間違いないんだ。よし、これでいこう〟という決心が固まるなら、相談をした価値が十分にあると思います。言わば、こうした相談は、しっかり悩み抜く作業のフィニッシャーの役割を果たしているのです。その相談をしたことで、自分の中で「とことん悩み抜いた」「やれるだけのことはやった」というあきらめ（明らめ）がついて、迷いや後悔を引きずることなく「次」へ進んでいけるようになるんですね。

だから、自信がなくてなかなか一歩を踏み出せないような人は、自分をしっかり納得させて決断に踏み切らせるためにも、他人に相談する機会を大切にしていくといいでしょう。

ちなみに、どんな人に相談をするのがベストなのか。

私は、自分にとっての「キーマン」をひとり決めておいて、いつもその人に相談するようにしていくのがいいと思います。

誰にとっても、「あの人なら自分の悩みを理解してくれるだろう」「あの人に話すといつも何らかの解決が得られる気がする」という人がいるはず。そういう人をひとり決めておいて、相談をするようにしていくといいのではないでしょうか。

ただ例外として、恋愛がらみの悩みの場合は、男性ひとり女性ひとりの計ふたりに相談したほうがいいかもしれません。愛や恋の見方や考え方というものは、男と女ではけっこう違っているもの。ですから、一応両方の立場の意見を聞いてから、判断をするといいと思います。

そして、相談をしたり他人の意見を聞いたりした後は、もう迷うことなく、自分の選んだ道を進んでいくことが大事です。

他人への相談は、自分の中の悩みに決着をつけるための最終手段のようなもの。だから、「あの人に話を聞いてもらったら、その後はもう絶対に迷わずに突き進んでやる」というくらいの覚悟を持って臨むほうがいいのです。

悩みのハードルを低くするコツをつかむ

悩みというものは、最初ものすごくハードルが高く感じられたとしても、何度もトライして経験を重ねていくうちに、だんだんハードルが低く感じられるようになっていくものです。

はじめは、到底越えることのできない高さに感じられていたハイレベルの課題も、何度も繰り返しチャレンジしていれば、クリアするコツがつかめてくるようになります。なんとかクリアできて〝そうか、こうすればいいんだ！〟という感覚がつかめれば、ハードルを越えられる確率もどんどん高くなっていくでしょう。そして、ふとしたときに〝あれ？　このハードル、こんなに低かったっけ〟と感じるようになっていくのです。

この感覚を知っているかどうかは非常に重要です。この感覚を知っている人は、「何度もトライすれば、高いハードルも低くできる」ということがわかっています。だから、ものすごく高いハードルでも、その目には低めに映っていて、もの怖じをすることがありません。一方、この感覚を知らない人にとっては、同じハードルが「ものすごく高いまま」に見えています。同時に、その高さに恐れをなし、〝あんな高いハードル、自分に越えられるわけがない〟と思ってしまいます。

つまり、ハードルを見た時点で、すでに両者の間では差がついていることになります。たとえ同程度の力の持ち主でも、そのハードルが「低く見えている人」もいれば、「高く見えている人」もいるものなのです。

悩みのハードルを低く感じているか、それとも高く感じているかは、自律神経のタイプによっても違ってきます。

87ページの自律神経マトリクスに当てはめて言えば、理想的なAタイプは「どんなに高いハードルもどんどんチャンンジしてクリアし、ハードルを低くできる人」でしょう。このタイプの人には、最初からハードルが低く見えていることも多く、〝これくらい朝飯前〟という感じで軽々とクリアしてしまう場合もあります。

また、交感神経一辺倒のBの人は「ハードルを高く見てしまうのだけど、チャレンジして何とか切り抜けていくタイプ」、副交感神経が高いCの人は「ハードルの高さがよくわからず、自分のペースでやみくもにチャレンジして何となく切り抜けていくタイプ」だと言えるでしょう。両方とも低いDの人は「ハードルをものすごく高く感じてしまい、チャレンジすらしないタイプ」といったところでしょうか。

「Aの人」と「Dの人」とでは、ハードルに対する捉え方がまったく違います。「Aの人」にとっては、ハードルはチャレンジさえしていればいつかは消えてなくなるもの。ハードルなんて存在していないも同然と感じているのかもしれません。一方、「Dの人」にとっては、ハードルはいつまでもそこにそびえ立っている障害物のようなもの。ハードルは永久になくならないと感じているかもしれません。

ハードルを低く見ることができるか、ハードルを高く見てしまうかは、そのまま、悩みにくいか、悩みやすいかという問題につながっているといっていいでしょう。すなわち、「Aの人」は、悩みを自分で消すことのできる問題だと捉えていて、「Dの人」は、悩みをいつまでもそこに居座り続ける問題だと捉えているのです。

みなさん、これはものすごく大きな違いだと思いませんか？　片やハードルをすいすい越えていき、片やハードルをひとつも越えられないようなもの。悩み方を変えない限り、両者の間では、どんどん差がついていってしまうことになりますよね。

では、いったいどうすればいいのか。

私は、悩みがちな人が変わっていくには「高いハードルを低くしていくコツ」をつかむのがいちばんの近道だと思います。

やるべきことは、大きくふたつ。ひとつ目は悩みに対する意識を変えることです。まず「悩みは消せるものである」「ハードルは低くできるものである」ということをしっかり頭にインプットしなくてはなりません。これを頭に入れたうえで、悩みへの対し方を「受け身の姿勢」から「攻めの姿勢」へと変えていくのです。前にも述べたように、悩みとは受け身のときは強大に感じても、こちらから攻めていくと弱く小さく感じるもの。ですから、この感覚を身につけて、「悩みは攻めれば弱くなるし、ハードルを下げられるものなのだ」「悩みは攻めれば消し去ることができるものなのだ」ということを強く意識づけていくといいのです。

ふたつ目はチャレンジです。

何もしなければ、悩みはずっとそこに居座ったまま。行動を起こさなければ、何も始まりません。

ですから、とにかく悩みを解消させることにトライすること。そして、チャレンジの際は、いきなり大きな悩みから始めず、小さな悩みをひとつひとつ解消させていくことからスタートするといいでしょう。

よく言われることですが、ハードルは最初から高くせず〝これなら自分でも十分越えられる〟というくらいの高さに設定しておいたほうがいい。それをクリアしたら、もう少しだけハードルを上げ、それもクリアできるようになったら、またもう少しハードルを上げ……というように、ひとつひとつ小さな悩みを解消させながら、階段をワンステップずつ上っていくように少しずつ難易度を上げていくのです。

そうすれば、クリアしていくうちに〝そうか、こうすれば悩みを消していくことができるんだ〟というコツがつかめてきます。そして、小さな勝ち星を上げていくうちに自信がついてきて、だんだん大きい悩みにも向かっていけるようになるのです。つまり、コツコツとチャレンジを重ねて「高いハードルを少しずつ低くしていくコツ」をつかむにつれ、より大きな悩みを克服できるようになっていくというわけですね。

超一流のアスリートたちも、誰もが最初から高いハードルを越えられたわけではありません。大谷翔平選手だって、三笘薫選手だって、イチローさんだって、みんな最初は低いハードルからスタートし、ひとつひとつクリアしながらレベルを上げ、長年コツコツとチャレンジを繰り返した結果としていまの位置に到達したのです。

自信はチャレンジをした者にのみ与えられるもの。ひとつひとつ悩みを乗り越え、ひとつひとつ壁を乗り越えて、自分の中の自信を大きく育てていった人は、それだけ大きな悩みを越えられるようになり、それだけ高いハードルを越えられるようになっていくものなのです。

悩みの大きさを常に比較するクセをつけておく

悩みのハードルを低くするために、もうひとつ、覚えておくとたいへん役立つことがあります。

それは「悩みのサイズを比較すること」です。

簡単に言えば、いままさに直面している悩みがあったとしても、〝以前乗り越えた悩みに比べれば、まだ今回はましなほうだ。だから、これくらい耐えられるし、きっと乗り越えられる〟と考えるようにするのです。すなわち、「以前経験した悩みの大きさ」と「いま進行中の悩みの大きさ」とを比較して、いまの悩みに対するハードルを低くしていくわけですね。

そもそも悩みとは、相対的な大きさによって感じ方が変わってくるもの。たとえば、あなたが小さな会社の経営者で、信頼していた部下に大金を横領され、この先どうしようかとしばらく悩んでいたとしましょう。ところがそんなとき、定期検査でがんが見つかって余命半年の宣告を受けたとします。もし、そんな生死に関わる悩みに見舞われたなら、あなたは「自分の余命のこと」で頭がいっぱいになってしまい、「横領されたこと」なんか、もうどうでもよくなってしまうのではないでしょうか。

つまり、たとえ悩んでいることがあっても、「それよりはるかに大きなサイズの悩み」がドカーンとやってくると、それまで悩んでいたことがどうでもよくなってきてしまうものなんですね。これは見方を変えてみれば、「はるかに大きな悩み」がやってくるまでは「そんなにたいしたことで悩んではいなかった」ということにもなります。

ですから、〝もし自分が明日がんの宣告を受けたとしたら、きっと、いまの悩みなんか取るに足らないちっぽけなものに感じられるんだろうな〟〝もし今日が地球最後の日だとしたら、きっとこんなことでは悩みはしないだろうな〟といった考え方をするのもひとつの手。こういうふうにイメージをふくらませながら悩みの大きさを比べていくと、目の前の悩みが〝別にそうたいしたことじゃない〟と思えてくるようになるものなのです。

それと、「いまはこの悩みをたいへんに感じているけど、あと数年も経って自分が成長すれば、〝あのころはこの程度のことで悩んでいたんだな〟と振り

あの時に比べればマシ!
悩み
悩み
過去
現在

明日もっと大変なことが起こるかも
あと数年すれば笑い話になるのかも
はっはっはっ
悩み
悩み
現在
未来

返れるようになるんだろうな」といった考え方をするのもいいと思います。

みなさんも覚えがあると思いますが、悩みの経験というものは、渦中にあるときはたいへんに感じていても、その〝たいへんさ〟は時が経つとともにどんどん薄れていくものです。悩みを乗り越えた後に振り返ってみれば、〝そんなにたいしたことではなかったな〟ということも多々あります。言わば、いま現在は大きいサイズに感じていても、未来には必ず小さいサイズに感じるようになっていくもの。その傾向を利用して、「あと数年も経てば、小さく感じられるようになるんだろうな」と考えるようにしていくわけです。

このように、悩みのハードルを低くしていくのにも、いろいろなテクニックがあるものなのです。

ぜひみなさん、こうした悩み方のテクニックを駆使して、低くしたハードルをどんどん越えていってください。

スッとハードルを越えられるのは「覚悟」が決まったとき

みなさんは、人がハードルを越えられるのはどういうときだと思いますか？　いままでずっと越えることができなかった悩みというハードルをスッと越えられるようになるのは、どんなときでしょう。

私は「覚悟」が決まったときだと思います。覚悟というのは、とことん悩み抜いて、とことんやり抜いた人が最終的にたどり着く境地です。

つまり、もうこれ以上悩んでもしようがないというくらい悩み抜き、もうこれ以上やることがないというくらいやり抜いた人がたどり着く境地。ここにたどり着くと、人は〝ここまでやったんだから、成功しようが失敗しようが仕方がない……もう後はなるようになれ〟というような「明らめ」の心持ちになります。それが「覚悟が決まった」ということなのです。

そして、この覚悟が決まると、ハードルをスッと越えることができる。これまでずっと悩んできた難問に一筋の光明が差してきて、解決の出口へと進んでいけるようになるのです。

なお、覚悟が決まったときは、自律神経バランスが高いレベルで整います。そうなるとこれまでも説明してきたように、人は自分の持てる力をもっとも発揮しやすい状態になります。心のコンディションも体のコンディションも見事に整って、最高のパフォーマンスを行える態勢にシフトします。これにより、これまで越えられなかったハードルを越え、これまで解決できなかった悩みを解決できるようになるわけです。

覚悟が決まると、どのような力が発揮されるのか。みなさんはソチオリンピックのときの浅田真央選手を覚えているでしょうか。

多くの日本国民がメダルを期待する中、浅田選手はショートプログラムでミスを連発し、まさかの16位スタート。金メダルの可能性がほぼ消滅し、たくさんの人の期待を裏切ってしまったようなものですから、浅田選手が相当に悩んだであろうことは想像に難くありません。

しかし、翌日のフリーの演技――。浅田選手はノーミスですべてのジャンプを決め、神がかったような素晴らしい演技を見せてくれました。浅田選手は、悩み抜いたうえで覚悟を決めたのです。きっと、〝もう順位のことは忘れよう。後はもう、自分の力を出すしかない。これまで、やれることはすべてやり抜いてきたんだから、自分のすべてを出し切ろう〟という覚悟を決めたのだと思います。だから、心身の自律神経が見事に整って、あの素晴らしい演技が生まれたのではないでしょうか。

私は、あのフリーの演技を見て、〝人間はどんなことでも越えていける強い生き物なんだなあ〟と思いました。人は悩み抜き、やり抜いて、しっかり覚悟を決めれば、どんな壁も越えていけるし、どんな高いハードルも越えていける。

なおかつ、どんな限界をも越えていけるのです。

悩み抜いていれば、悪い結果が出てもとらわれなくなる

ここでちょっと「結果」について述べておきましょう。

私は「流れ」を自分の味方につけるには、「結果」にとらわれないほうがいいと考えています。「結果」にとらわれると、心に迷いが出て自律神経が乱れ、パフォーマンスを落とすことにつながってしまうのです。

たとえば、野球なら〝絶対にヒットを打たなきゃ〟ととらわれると、バッティングが硬くなって凡打に終わることが多くなります。サッカーのＰＫなら〝絶対にゴールしなきゃ〟ととらわれると、力が入って失敗が多くなります。仕事のプレゼンなども〝成功させて評価を上げなきゃ〟と思うとカラ回りしてしま

いがち。このように、結果にとらわれると、本来の力を出せなくなってしまうものです。だから、極力結果のことは考えないほうがいい。結果が出る前は、できるだけ勝敗や成績にスポットを当てないほうがいいのです。

では、結果にスポットを当ててダメなのなら、いったい何にスポットを当てていけばいいのか。

それは、「悩み抜いた自分」「やり抜いた自分」にスポットを当てていけばいいのです。とくに、否応なく緊張してしまうような大舞台でパフォーマンスを行なう場合は、ただそれだけにスポットを当てるべき。そうすれば、緊張で上がったり、カラ回りしたり、つまらないミスをしたりすることもなく、いつも通り自分の力を発揮できるはずです。

大きな舞台で力を出したいとき、いちばん頼りになるのは、これまで自分が一生懸命に鍛錬を重ねてきたという事実。「自分は悩み抜いてきたんだ」「自分はやれるだけのことをやり抜いてきたんだ」という事実です。自分にとっては、その事実こそがいちばん確かな安心材料。だから、これにだけスポットを当て続けていけばいいのです。

「悩み抜いた自分」「やり抜いた自分」にスポットを当てていれば、心も体も乱れることはありません。どんな状況になっても乱れないのは、自律神経が高いレベルで整っているから。つまり、〝ここまでやり抜いてきたんだから、あとはもう自分の力を出すしかない〟という覚悟が決まっているから、迷ったり乱れたりすることなく力を発揮できるわけですね。

それに、普段から「悩み抜いた」「やり抜いた」ということに焦点を当てていると、あまり結果にとらわれなくなってきます。すなわち、「やり抜いたことが重要で、結果は二の次」「やるだけのことをやっていれば、結果は自然についてくる」といった考え方ができるようになるのです。

一流のアスリートの多くは、「結果」に対してこのようなスタンスを持っています。彼らは結果にとらわれることが自分のパフォーマンスにいかに大きな影響をもたらすかを重々承知しています。だからこそ、あえて結果に距離を置き、「悩み抜くこと」「やり抜くこと」を重視しているわけです。

ただ、大舞台において結果をまったく意識しないというのは、おそらく一流のアスリートでも難しいのでしょう。先ほどの浅田真央選手の例で言えば、ミスを連発したショートプログラムのときは、「メダルという結果」がちらついてしまったのかもしれません。一方、フリーのときには、その「結果」から解放されたことで素晴らしい演技ができたのかもしれません。

私は、スポーツであれ、仕事であれ、人間関係であれ、すべての物事はあまり結果にとらわれないほうが「うまくいく流れ」に行きやすくなると考えています。おそらく、「いい流れをつくる」「自分の流れをつくる」ということは、「いかに『結果』の呪縛から逃れるか」ということとセットなのでしょう。そう考えると、わたしたちの人生も、あまり勝ち負けにこだわらず、いま目の前のことをやり抜くことにスポットを当てていくほうが、いい流れに乗れるのかもしれませんね。

悩み抜いた人は、人生をコントロールする「舵」を持てる

人の人生は川の流れに似ています。

その川は、行く先々で何本もの支流に枝分かれしていて、流されるままでいたら、いったいどこへ流されていくかわかりません。

もし、自分という舟を川の流れにまかせっぱなしにしていたら、流されるうちにいつの間にか悪い流れに入ってしまい、ひどく不本意な人生を送るハメになってしまうかもしれません。

流されないようにするには、いったいどうすればいいのでしょう。

そのためには、自分という舟に「舵」をつけるべきです。舵があれば、舟を

コントロールしながら、自分が行きたいコースへ進めていくことができますよね。

では、舵を持つにはどうすればいいのか。

私は、悩み抜くことが、舵を持つことにつながると考えています。

悩み抜くという作業は、川の流れが分岐に差しかかったときに、舟をいったん止めてじっくりと思案する作業のようなもの。分岐に来るたびにどちらへ行くかをしっかり悩み抜いていれば、自分が選んだほう、自分が進みたいほうの流れへと舟を進めていくことができます。

つまり、悩み抜いていれば、自分の舟に舵をつけて、自分で進路をコントロールしていくことができる。流されっぱなしになることもなく、自分で自分の生きたい方向に人生を進めていけるわけです。

また、自分という舟に舵がつくと、流れの悪いほうに入りそうになっても自力でいい流れに戻ってくることができます。すなわち、人生を悪い流れからいい流れへと変えていけるようになる。流れを自分の味方につけて、自分で自分の人生をコントロールしていけるようになるのです。

もちろん、人生だけではありません。仕事も、健康も、人間関係も、普段からしっかり悩み抜いていれば、悪い流れからいい流れへとシフトしてコントロールしていけるようになるでしょう。

悩み抜いていれば、自分で流れを変えていける――。これこそ「悩み抜く力」の真骨頂なのではないでしょうか。

私は、人間は大きくふたつのタイプに分かれると思います。

それは、「悩み方がヘタな人」と「悩み方がうまい人」です。

悩み方がヘタな人は悩みに翻弄され、流されるままに川を流れ、たまたま流れ着いた先で不本意な人生を歩んでいくことになります。一方、悩み方がうまい人は、しっかり悩み抜いて悩みを制し、自分が行きたいほうへと次々に川を流れていき、行く先々の人生で幸せと成功をつかみとっていきます。前者は「いつも流されっぱなしで、一向に自分の人生を変えられない人」、後者は「流れを味方につけて、自分で自分の人生をよい方向へ変えていける人」と言ってもいいでしょう。

要するに、悩み抜けるかどうかで、自分で自分の人生を切り拓いていけるかどうかが決まってくるのです。

さて、みなさんは「自分の人生を変えられない人」と「自分の人生を変えていける人」、どちらになりたいでしょう。

もちろん、答えは決まってますよね。

誰しも人生は一度きりです。一度きりなのですから、ずっと流されっぱなしでは、あまりにもったいない。

みなさん、自分という舟に舵をつけて、自分の行きたいほうへと進んでいきましょう。しっかり悩み抜き、流れを味方につけて、自分で自分の人生をコントロールしていこうではありませんか。

第3章

知っているか知らないかで大きな差がつく小さな心の習慣

——悩み上手な人はみんなやっている「ほんの小さなコツ」

「悩み方のトレーニング」は筋トレと一緒だと心得る

私は「悩み方」というものは、トレーニングを重ねればどんどんうまくなっていくものだと考えています。

言わば、筋トレと一緒です。筋力トレーニングはがんばればがんばっただけ着実に筋肉がついてきますよね。悩み方もそれと同じで、普段から意識して「とことん悩み抜く」ようにしていると、着実にスキルが上達してうまく悩めるようになってくるものなのです。

つまり、「悩み抜くためのトレーニング」「やり抜くためのトレーニング」を行なって「悩み抜く力」をつけていくといいわけですね。

トレーニングを行なう場合は、第1章で紹介した基本的ハウツーを実践するといいでしょう。すなわち、「悩みの大きさごとに優先順位をつける」「極力、時間をかけない」「悩み事の問題点を書き出す」という3つのスキルを軸にして、合理的かつ効率的に「悩み抜く作業」を積み重ねていけばいいのです。一歩一歩着実に悩み抜く力を蓄えながら、悩み上手になることを目指していくといいでしょう。

なお、悩み抜く力を身につけていくには、これまで紹介してきたもの以外にも「覚えておくとけっこう役立つハウツー」がいくつかあります。いずれも「ちょっとした考え方のコツ」のようなものなのですが、決して軽んじてはいけません。悩み方を究めている一流の人たちは、むしろこういった「小さな心の習慣」こそを大切にしているものなのです。

この章では、こうした「悩み抜く力をつけるために役立つ小さな心の習慣」を25個ほどセレクトして紹介していくことにします。みなさん、ぜひこれらのハウツーを習慣にして、悩み抜く力をレベルアップしてください。

①悩むのが嫌なら「3匹の猿」になるのがいちばんいい

よく言われることですが、人の悩みのほとんどは「人間関係がらみのこと」で占められています。

第1章でも触れたように、「自分」はコントロールできますが、「他人」はコントロールできません。こちら側からはコントロールできないわけですから、思うようにいかないことが多いのも当たり前。わたしたちの悩みの多くは「他人や周囲との関係性」の中から生まれます。上司とソリが合わなかったり、部下が思うように動いてくれなかったり、オフィス内の人間関係がこじれまくっていたり、周りでヘンな噂を立てられたり、会社の自分への評価が思っているより低かったり……。きっと、こうした悩みを嫌気が差すくらいたくさん抱えている方もいらっしゃるでしょう。

では、こうした悩みといったいどうやって向き合えばいいのか。

いちばん手っ取り早い方法は、日光の東照宮でも有名な「3匹の猿」になることです。

そう。「見ざる、言わざる、聞かざる」です。

とかく人間は不必要なことや嫌なことを見たり、言ったり、聞いたりしがち。他人や周囲との関係性の中で、「見たり、言ったり、聞いたりしている情報」にいちいち惑わされているから、自律神経が乱れ、心や体のコンディションが乱れてしまうのです。

だから、こういったことで悩まされるのが嫌なら、「見ざる、言わざる、聞かざる」を決め込んで情報を遮断してしまうのがいちばんいい。他人や周囲と一定の距離をとり、コミュニケーションは最低限にして、自分のコンディションの乱れにつながるようなことには意識して目をつぶり、口をつぐみ、耳を塞ぐようにしていけばいいわけです。

でも、「3匹の猿」になって、ある程度、他人や周囲と距離をとることを心がけたにしても、悩むのを恐れて、他人や周囲との関係を一切断つというわけにはいきません。

人間は社会的な動物であり、群れの中の一員として生きる動物です。社会、家族、会社組織といった群れとともに生きる動物であり、群れを離れたひとりぼっちでは生きていけません。ですから、生きていくには、どうしても他人や群れとつながらざるを得ず、悩みが多くなるのを承知のうえで、他人や組織とつき合っていかざるを得ないのです。

どうせ悩むことが避けられないのであれば、やはり「悩み方」をとことん究めて、しっかり自己コントロールをしていかなくてはなりません。すなわち、自分の中にしっかりとした「軸」を持って、他人や周囲に振り回されない自分をつくっていかなくてはならないのです。

②「この答えに正義はあるか」を意識する

はたしてどちらの道を行くべきだろうか。あちらの道を行くのは胸を張れるけど、こちらの道を行くのはちょっと後ろめたい気がする……。もし、そんな二者択一で悩んだなら、必ず「人としての正義がある」ほうの道を選ぶべきでしょう。

悩み抜いたあげく導き出した答えには、正義が宿っているべき。正義のない答えを出したとしてもいずれ破綻します。たとえば、「人に押しつけてしまおう」とか「誰かの責任にしてしまおう」とか「これくらいの小さな罪なら誰も気がつかないよな」とか、そんな答えを出したとしても、絶対にうまくいきません。それに、こういった「やましさがある答え」を出していると、そのやましさが後々まで引っかかり、結局悩みを引きずってしまうのです。

ですから、悩みに答えを出す際は、いちばん最後の段階で「この答えに正義はあるか」と自問自答してみるといいでしょう。あるいは、「この答えはおてんとうさまに恥じないか」と自問自答してみるのもいいかもしれません。その問いに「うん、大丈夫」とうなずければ、より自信を持ってその道を進んでいくことができるはずです。

もちろん、悩み抜く過程では、「欲」「邪心」「嫉妬」「逃げの気持ち」といった「嫌な感情」が顔をのぞかせることもあるでしょう。ただ、そういう嫌な感情があることを認め、受け入れながらも、できるだけ「自分の中の正しい心」に軍配を上げるようにしてください。よくアニメなどでは「頭の中で天使と悪魔が闘っている場面」が登場します。そうしたシーンを思い描きつつ、最終的に「正義があるほう」「正直なほう」「おてんとうさまに恥じないほう」を勝たせていくといいでしょう。

スポーツや仕事でも、欲や邪心にとらわれると心身が乱れてパフォーマンス低下につながってしまうもの。でも、正しいほうに軍配を上げていると、乱れることなく高いパフォーマンスを発揮できることが多い。「自分は正しい道を進んでいる」「おてんとうさまに恥じない行動をしている」という自信があると、不思議なほどによい結果が出て、うまくいく流れに乗りやすいものなのです。

③「あの人だったらどう考えるだろう」と想像してみる

悩むという作業は、どうしても主観的な見方や考え方をしてしまうもの。しかし、自分が当事者の人間関係のトラブルなど、問題によっては客観的な物の見方を取り入れて考えたほうがいい場合もあります。

そういうときは、かつてお世話になった恩師やメンター（助言者）などの顔を思い出して、〝あの人だったらこの問題をどう考えるだろう〟と想像して考えていくのがおすすめです。そうすると、思考に客観的な視点が加わって、角度を変えた物の見方をしていくことができます。

また、恩師やメンターでなくとも、〝ビートたけしさんなら、こんなとき何と言うだろう〟〝大谷翔平選手なら、こんなときどう行動するだろう〟〝村上春樹さんはこれをどう解釈するだろう〟といったように、著名人などの言動を思い浮かべて考えてみるのもいいと思います。そうすれば、世界が広がって「自分ワールド」の中だけで考えるよりもいい答えを導き出せるかもしれません。

④悪いことは口に出さない

一流のアスリートは、決して他の選手の悪口を言いません。たとえ、自分が大の苦手としている相手でも、相手をけなすことはせず、相手のプレーをほめたたえます。

なぜなら、誰かの悪口を口にすると、結果的に自分に跳ね返ってきて、自分のパフォーマンスに悪影響を及ぼすことを心得ているから。また、相手をほめたたえる言葉を口にすると、それも自分に跳ね返ってきて、自分のパフォーマンスに好ましい影響をもたらすことも知っています。これは「ミラーイメージの法則」と呼ばれる心理学メソッド。自分の口から出た言葉は、鏡のようにいつか自分に返ってくる。他人へのマイナスの言葉は自分をおとしめることにつながり、他人へのプラスの言葉は自分を高めることにつながるというわけです。

これは、アスリートだけでなく、一般のわたしたちも、仕事や生活の中で心して実践していくべき「法則」ではないでしょうか。他人の言動を批判したり、他人の評価を落とすようなことを言ったり、マイナスの否定的な言葉はできるだけ口から外に出すのを慎んでいきたいものです。

⑤「マイナス方向に行ってる」と思ったら考えるのをやめる

何人かで集まってお酒を飲んだりすると、たまに共通の知り合いを俎上《そじょう》に載せ悪口を言っているようなことがあります。そういうとき、私は「見ざる、言わざる、聞かざる」の「言わざる」を決め込むようにしています。会話が「プラス方向」のものか「マイナス方向」のものかを普段から意識するようにしていて、「これはマイナスの方向だな」と思ったら、その会話に調子を合わせるのをやめて、口をつぐむようにしているのです。

また、悩む作業をしているときも、もし「考えがマイナスの方向に行っている」と思ったなら、そこで考えるのをやめたほうがいいと思います。人によってはいったんマイナス思考のギアが入ると、とめどなくマイナスの考えをふくらませて、頭の中でいつまでも堂々巡りさせてしまうことも少なくありません。

だから、考えがふくらんできたりグルグル回ってきたりしないうちにスパッと断ち切ることが大切。「あ、マイナスに傾いた」と思ったら、その時点ですぐにシャッターを下ろして閉店させてしまうようにしましょう。

⑥行き詰まったときは空を眺める

私は、日中、時間に追われてあまりに忙しいときや焦りから自分を見失いそうなとき、よく空を見上げます。病院の中にいても、部屋の窓から意識的に天空を仰ぐようにしています。

すると、乱れる寸前だった心と体がスッと落ち着くのです。

おそらく、慌ただしい現状から、果てしなく広い天空世界へと視点を大きくシフトするのがいいのでしょう。〝ああ、今日も空が青いなあ〟〝曇ってはいるけど、きれいな空だなあ〟と思うだけで、自律神経がバランスを取り戻し、呼吸が整って、心にちょっとした余裕が生まれるのです。

ですから、悩み抜く過程で、考えに行き詰まったようなときや迷路から出られなくなったようなときも、空を見上げるといいでしょう。また、大事な試合や試験、重要な商談に臨む前なども、事前に空を眺めることをおすすめします。きっと、緊張がほぐれ、心と体に余裕が生まれ、より自分本来の力を出せるようになるはずです。

⑦ゆっくりと歩き、ゆっくりと呼吸する

現代社会ではとても多くの人が「せわしいテンポ」「速いテンポ」で行動を

しています。オフィス街などに行くと、ほとんどの人が1分1秒たりとも無駄にはしないといった顔つきで足早に歩いていますよね。

ただ、普段からあまりにせわしいテンポで行動していると、交感神経ばかりが一方的に優位な状態になるため、次第に自律神経のバランスが崩れていってしまうことになります。

また、いつも交感神経が緊張しているアンバランスな状態が長く続くと、病気や不調などのトラブルに見舞われがちになりますし、悩みやストレスも抱え込みがちになります。このタイプの人は常にイライラしていて、自分の中の悩みに目を向ける余裕すらない場合が多いもの。このため、悩みを放っているうちに、どんどん大きくしてしまう傾向があるのです。

では、いったいどうすればいいのでしょう。

私は、まず日常的な自律神経のバランスを取り戻すのが先決だと思います。

そのためにも、普段から「ゆっくり行動すること」を心がけるようにするといいのです。なかでも注意してほしいのは、「歩く速さ」と「呼吸の速さ」です。忙しいときほど努めてゆっくり歩き、気が急《せ》いているときほど努めてゆっくり呼吸してみるようにしてみてください。

歩行や呼吸のスピードは、自律神経と連動していて、速いと交感神経が高まり、ゆっくりになると副交感神経が高まってくるのです。ですから、ゆっくり歩き、ゆっくり呼吸することを意識していれば、次第に副交感神経が上がってきて、自律神経バランスの均衡がとれてくるようになるはずです。そうすれば、心にも余裕ができてきて、自分の中に山積している悩みという問題をちゃんと片づけようという気持ちにもなるでしょう。

とにかく、やみくもに急いでばかりではダメ。私は何事も、心と体に余裕を持ちながら「ゆっくりと急ぐ」ことが大切だと思っています。それに、そのほうが、結果的に遠くまで行けるし、自分が目指しているところに早く行き着けるものなのです。

⑧迷ったときは、階段を上り下りしてみる

心が乱れそうになったときは、体からアプローチして自律神経コンディションを整えるのもひとつの手です。

もっとも手っ取り早いのが「歩くこと」。リズミカルに歩くと、血流がよくなり、副交感神経が高まって、自律神経バランスを整える作用が期待できます。

とくに私がおすすめしたいのは「階段の上り下り」です。たとえば、オフィスでの仕事中、嫌なことがあって集中できないときやミスをして落ち込んでいるようなとき、5分くらい自分の席を離れて階段を上り下りするのです。そうすれば、体を動かすうちにザワついた心が静まってきて、平静な自分を取り戻すことができるでしょう。

また、この階段の上り下りは、悩み抜く作業の中、考えに行き詰まったときや迷いにハマってしまったときに行なうのも効果的です。しばし体を動かしてみると、「そうか、こうすればよかったんだ」という解決策も浮かびやすくなるもの。ぜひみなさん、トライしてみてください。

⑨逃げ道は用意しておく

物事は立ち向かうだけがすべてではありません。逃げたほうがいい場合もあります。

「逃げる」というと、どうしてもマイナスイメージがつきまといます。なかには「逃げた自分」に対して「自分は弱い人間だ」「自分は負け犬だ」といったレッテルを貼ってしまったり、「逃げた自分」を責め続けたあげくメンタルに不調をきたしてしまったりするケースも少なくありません。

でも、私は、別に逃げることを否定する必要はないと思います。逃げること自体は「いいこと」でもないし「悪いこと」でもありません。ただ、ケース・バイ・ケースで、生きていくためにどちらかの道を選択するというだけのこと。自分の身を守るために逃げたほうがいいシチュエーションもあれば、何らかの結果を出すために粘り強くがんばり続けたほうがいいシチュエーションもあるでしょう。

ただ、あらかじめ「ここまではなんとかがんばるけど、ここから先は我慢したり辛抱したりせずに逃げる」といった「自分なりの線引き」を持っておくといいのではないでしょうか。そういう線引きがないまま流されていると、結局我慢しすぎたりがんばりすぎたりしてしまい、心身を疲弊させてしまうことになりかねません。

そして、もし「この状況は自分にとってよくない方向に行きそうだな」と感じたなら、早めに逃げ道を用意しておくべきだと思います。悩みも脱出口が見えていないと頭の中でグルグルと回してしまいがち。それと一緒で、いざというときの逃げ道が見えているのといないのとでは、対処の仕方が大きく変わってきます。

もし状況が悪化して「ここまでだな」と思ったら、その逃げ道を使えばいいし、もし状況が好転して逃げ道を使わなくてもよくなったなら、それはそれでよし。そのときはもうちょっとがんばってみればいいだけの話です。

とにかく、「逃げるシチュエーション」と「逃げずにがんばるシチュエーション」の両方を想定しておくと、グッと気持ちも安らいで、目の前のことに対して力を発揮しやすくなるものなのです。

そういう意味では、「逃げ道をつくっておく」というのも、より自分をコントロールしていい流れにシフトしていくための「悩み方の技術」のひとつなのかもしれませんね。

⑩ため息はついたほうがいい

ため息をつくときは、ゆっくりと長く息を吐きますよね。じつは、これはとても心身にいいこと。深く呼吸することによってリラックスモードの副交感神経が刺激され、滞っていた血流が回復して脳や体に酸素がたっぷり供給されるのです。悩みについて考えているときも、ため息をつけば脳に多くの酸素が送られて、新鮮な考えが浮かぶきっかけになるかもしれません。

つまり、ため息は心身をリフレッシュさせる行動なのです。「ため息をつくと幸せが逃げる」なんていうのは非科学的な迷信です。疲れたときや悩んだときには、ぜひ「ふう～っ」と大きくため息をついて、心と体をリフレッシュさせるようにしてください。

⑪1日に1回、何もせずにぼんやりする時間をつくる

最近、「ぼんやりすること」に注目が集まってきています。

われわれの脳には、ぼんやりしているときに働く「デフォルト・モード・ネットワーク」という機能があります。どうやら、脳の健康を健やかにキープするには、いつも忙しく脳を働かせているよりも、たまにボーッとしてこのネットワークを刺激するほうがいいらしいんですね。

そういえば、近ごろは少しでも時間が空くと携帯やスマホに目を落としてしまうことが多くなったため、「何もしないでぼんやりする時間」が非常に減ってきた気がします。こういう忙しすぎる時代においては、意識してボーッとする時間をつくるくらいのほうがいいのかもしれません。

リラックスしてぼんやりすることは、デフォルト・モード・ネットワークを刺激するのはもちろん、副交感神経を優位にするためにもいい習慣です。3分か5分程度で構いません。せめて1日に1回は「ぼんやりする時間」をつくってみてはいかがでしょう。

⑫「無心になれる作業」に没頭する

悩んでいてなかなか答えが見つからないようなときには、「無心になれる作業」に没頭してみてはいかがでしょう。

たとえば、靴箱の靴を1足1足ピカピカに磨き上げるとか、大量のジャガイモの皮をひとつひとつていねいに剝くとか、キッチンのガス台などの油汚れをすみずみまできれいに落としていくとか……。そういうふうに、あまり頭を使わないで済む単純作業を行なっていると、無心になって没頭しているうちに、頭の中がシンと鎮まってくることが少なくありません。そして、作業を終えたときには、不思議と頭の中のもやもやが晴れてすっきりとした気分になっているのではないでしょうか。

じつは、「無心になれる単純作業」には、疲れた心を癒したり心配事を忘れさせたりする効果が期待できるのです。ですから、悩みの答えを探しているようなときにも、頭を空っぽにして単純作業に取り組んでみるといいでしょう。きっと、脳がリフレッシュされて、「あ、こうすればよかったのか」という答えが見つかりやすくなるはずです。

⑬1日に1回、何かを片づける

悩み抜く力とは、片づけ抜く力です。悩むという行為は「頭の中の片づけ作業」。その片づけ作業をいかに効率的に進めてやり遂げるかが大切なのです。

つまり、家の中の整理整頓と頭の中の整理整頓は同じこと。身の周りを散らかしっぱなしにするような人に「頭の中の片づけ」はできません。だから、普段から家の中のものを整理する習慣をつけ、「片づけ抜く力」をつけていくべきなのです。

私は、1日に1回、何かを片づけることをおすすめしています。靴箱やクローゼットを整理するのでもいいし、本棚を片づけるのでもいい、机の引き出しの中身を整理するのでも構いません。どんな小さなことでもいいから、とにかく、1日に何かひとつは片づけ抜いてみるといいでしょう。

毎日やっていれば、そのうち、家の中のものはもうどこに何があるかすべてわかるようになっていくはず。そして、このように身の周りをきれいに整頓できるようになると、自分の頭の中もきれいに整頓できるようになっていくものなのです。

⑭ワイシャツは白1色にする

「どうでもいいことで悩まない」「どちらでもいいことで迷わない」――。普段から意識してそういう態勢を整えておくことは、コンディションづくりにはけっこう重要なことです。

悩んだり考えたりする必要性を感じないことに対しては、あらかじめ「これにする」と決めてしまうのもひとつの手。たとえば、「この店でのランチはチキンカツ定食に決めておく」とか「目薬を買うならいつもこの商品にする」とか「肉の焼き具合を聞かれたらミディアムレアにする」とか、常にそれを選ぶように決めてしまうわけです。

先にも述べましたが、私の場合、「ワイシャツは白しか着ない」と決めています。私にとってワイシャツの色は、わりとどうでもいいこと。だったら、「いつも白」と決めてしまえばいい。このように、悩む必要性を感じないことは、徹底的にルール化して省エネ化してしまうのです。そうすると、「本当に悩むべき問題」に対して、本腰を入れてエネルギーの全力を注いでいくことができるようになるわけですね。

⑮カバンの中身を最適化する

人間は、悩みを消すために道具を使う動物です。

大昔から、人は「もっと食糧を得たい」「もっとラクになりたい」といった悩みを解消するためにたくさんの道具を編み出して利用してきました。現代のわたしたちも、日中の活動でいろいろな悩みが出てきても困らないように、さまざまな道具を持ち歩き、それらをカバンに入れています。

スマホ、パソコン、タブレット、充電器、ケーブル、財布、手帳、必要な書類、身分証、文房具、クスリ、化粧品……。こうした道具たちは、いつどんなときに悩みやトラブルが持ち上がってきても、慌てたり乱れたりすることなくスムーズに問題に対処できるようにしていくための「乱れを防ぐツール」であるわけです。

ですから、「カバンの中に必要な道具が入っていて、それらがすぐ取り出せる状態になっている」のは、けっこう重要なこと。もし、「あれ、スマホが見つからない」「充電器、どこに入れたっけ」「もしかして忘れたのか!」とカバンの中をかき回していたら、それだけで自律神経が乱れてしまい、その日の活動パフォーマンスを下げることにつながってしまいますよね。

私は、カバンの中身をきちんと整理するのは、コンディションづくりの基本だと考えています。日々の活動でつまらないことで悩まされないために、絶対に必要な道具はどれで、不必要なものはどれか。必要な道具はどこに入れておけば、スッと取り出せるのか。そういった利便性を考えながら、カバンの中を最高の状態にキープしておく。そうした準備を整えることで、わたしたちはよけいな心配をすることなく、その日の活動で自分らしいパフォーマンスを発揮していくことができるのです。

なお、わたしたちが使う道具は、日進月歩で進化しています。スマホはもちろんですが、ペンや手帳などもこれまでにない便利機能を搭載した商品がたくさん出てきています。ですから、多くの中から「これだ」というものを選りすぐり、カバンの中の道具を精鋭たちでそろえていくようにするといいでしょう。言わば、カバンの中身を自分に合ったかたちに「最適化」していくのです。

そうすれば、悩みやトラブルに見舞われても、それらの道具たちがしっかり役に立ってくれるはず。きっと、安心して自分の仕事に全力投球ができるのではないでしょうか。

⑯SNSは、のめり込まないためのルールをつくっておく

他人は他人、自分は自分。他人はしょせん自分の思い通りにはなりません。

だから、心身を乱さないためには、自分の中にブレない軸を持ち、他人に振り回されないようにしていくことが大切です。

　しかし、近年は多くの人がＳＮＳを日常的に使うようになり、ＳＮＳ上の情報に振り回される人が増えてきています。ＳＮＳは自己顕示欲や承認欲求を満たせる反面、他人がアップした情報を見て他人と自分を比較してしまい、劣等感や焦燥感を抱いてしまうことが少なくありません。また、ちょっとした書き込みが原因で他人と論争になったり、いわれのない理由で他人から誹《ひ》謗《ぼう》中傷されたりすることも多い。そのせいでメンタルを病んでしまう人もかなり増えていると聞きます。

　このようにＳＮＳ上の他人の言動に振り回されるのは、自律神経バランスを乱す大きな原因になります。医学的に見れば、ＳＮＳは「自律神経を乱すツール」と言っても過言ではないのです。

　もっとも、私はＳＮＳの利用自体を否定するつもりはありません。実際、私もインスタグラムをやっていて、街角で出会った風景や心に残った風景をスマホで撮影し、その写真を投稿しています。私の場合、これに時間を費やすことで、生活に充実感や潤いを感じられるようになったと思っています。

だから、よい面もあるのです。SNSを利用する人は、「自分にとってプラスになる面」と「自分にとってマイナスになる面」を十分理解したうえで、よい面だけを切り取って上手に使っていく姿勢が必要なのではないでしょうか。

また、依存性が高いので、「ここまではいいけど、この状態になったらそれ以上踏み込まない」といったように、自分なりに「のめり込みすぎないためのルール」を設けたうえで利用していくのもいいと思います。

ぜひみなさんも、SNS上の他人の言動に振り回されることのないように、「自分のルール」をつくったうえで注意深く活用していくようにしてください。

⑰寝る前2時間はスマホを見ない

夜、だらだらとスマホを使っていると、脳がひっきりなしに雑多な情報の処理に追われ、交感神経が興奮してしまうようになります。嫌な情報や見たいとも思わない情報が目に入ってきて、いたずらに感情を昂《たか》ぶらせてしまうことも少なくありません。それに、スマホやパソコンのディスプレイから放たれる光はかなり強く、夜間にこうした光を浴びていると、睡眠物質のメラトニン分泌が抑えられ、睡眠にも影響が及ぶようになります。

ですから、みなさんもせめて就寝前の2時間はスマホやパソコンを用いないようにしてはどうでしょうか。もちろん、ベッドにスマホを持ち込むのもNG。それだけでも自律神経バランスや睡眠への悪影響をだいぶ防ぐことができるはずです。

私の場合、日中は仕事上必要なのでスマホをかなり頻繁に使っていますが、家に帰ってからは一切スマホを見ないようにしています。緊急の連絡用に電話だけは鳴るようにしていますが、それ以外の「スマホ系の用事」は明日に持ち越すことに決めているのです。

こういうふうに「自分なりのルール」を決めてしまうと、スマホがなくとも不便は感じません。それに、スマホの情報を遮断すると、夜を「自分のために使う時間」としてゆったり過ごすことができるし、リラックスモードの副交感神経が高まってぐっすりと熟睡することもできます。ぜひみなさんもトライしてみてください。

⑱「3行日記」をつける

私は、自律神経を整えるために、1日の終わりに「3行日記」をつけることを推奨しています。

この日記は、「今日いちばん失敗したこと」「今日いちばん感動したこと」「明日の目標」という3つのテーマを、それぞれ1行の簡潔な文にまとめて書いていくというもの。「書く」という行為には、心身を落ち着ける効果があります。般若心経《はんにゃしんきょう》の写経をしているときと同じように、ゆっくり、ていねいに文字を書くと、すっと呼吸が落ち着きます。これにより、副交感神経が高まって自律神経のバランスが整えられるのです。

1日に起こった多くの出来事の中から「3つ」だけを選んで短くまとめるの

は、簡単なようでいてけっこう難しいもの。でも、毎日のようにその日1日を顧みながら書き続けていると、「自分が失敗するのはどんなときなのか」「自分が感動するのはどんなときなのか」「最終的にどんなところを目指したいのか」といった〝自分の特徴傾向〟がつかめてくるようになります。それに、自分がどういうときに不調になり、どういうときに好調になるのかの傾向もつかめてくるようになります。

つまり、この日記をつけていると、自分自身がどんな人間であり、どんなことで悩みやすいのかがよくわかるようになってくる。また、そうした問題を解決するには今後自分のどんな点を改善すればいいのかもわかるようになってくるのです。

これを続けていけば、日々反省をして自分を軌道修正しながら心身のコンディションを整えていけるようになるでしょう。そして、好調を保ちつつ、自分をいい流れに乗せていくことができるようになっていくのです。

私は、この3行日記をもう20年近くつけ続けています。長年続けていると、ふと昔の日記を開いたときに、〝そうか、あの頃はこんなことで悩んでいたのか〟とか〝いまも似たようなことに巻き込まれているけど、あの頃に比べると少しは進歩したかな〟といったことも見えてくるようになります。

みなさんも日々トライしてみてください。私は、この日記をつけていれば、仕事も、健康も、人間関係も、自己実現も、いろいろなことをいい流れに乗せていけると考えています。ぜひ、3行日記でいい流れをつかんでいきましょう。

⑲人を信用しすぎない

私は基本的に、人は信用しないほうがいいし、人には期待をしないほうがいいと思っています。冷たい人間と思われてしまうかもしれませんが、こんなことを言うのも「すべては自分の責任である」という覚悟を決めている表われなのです。

だって、みなさん考えてみてください。わたしたちの悩みの多くは人間関係から生まれます。そして、そうした人間関係の悩みのほとんどは、相手を信用しすぎたり、相手に期待しすぎたりすることから起こっているのです。

だったら、最初から信用も期待もせずに「すべては自分の責任なんだ」と腹をくってしまうほうがいい。そのほうが「よけいな悩み」を湧き上がらせずに済みます。

繰り返しますが、しょせん他人はコントロールできません。悩みを解決するのはもちろん、コンディションを整えるのも、パフォーマンスを向上させるのも、全部自分が引き受けてやっていくべきこと。このきびしい世界では、甘えは禁物。人には頼れません。だからこそ、「自分が責任を持つ」としっかり覚悟を決めて事に臨んでいくべきなのです。

⑳人間関係は適宜見直してバージョンアップする

人間関係というものは、ずっと変わらないわけではありません。新たに必要な関係ができたり、もうあまり必要のない関係もできたりして、年々変わっていくものです。

だから私は、パソコンソフトを新しいバージョンに更新するように、人間関係も適宜バージョンを更新して見直していくべきだと思います。つまり、人間関係も定期的に整理したり片づけたりしたほうがいいということ。会社の人間関係などリアルのつながりだけでなく、ネット上のつながりも含めれば、整理すべき人間関係はかなりの数に上るのではないでしょうか。

また、整理作業をする際に、「この人は自分にとって重要」「この人はもうちよいつき合っておいてもいい」「この人とはなるべく早くサヨナラすべき」といったランク付けをするのもいいと思います。こういう作業をしておくと、自分を中心とした人間関係を俯瞰的にとらえることができ、より自分という人間の姿が見えてくるもの。ぜひみなさんも定期的にバージョンアップ作業を行なうようにすることをおすすめします。

㉑耐えられない人間関係は、我慢の期限を決めておく

みなさんの中には、職場や隣近所の人間関係トラブルでお悩みの方も多いことでしょう。でも、どんなに嫌な人がいても、仕事や住んでる家はそう簡単に変えることができませんよね。

とはいえ、いつまでも我慢し続けていたり、ストレスに耐え続けたりしてい

たら、自律神経が弱って、心を病んだり体を壊したりすることにもつながりかねません。

では、いったいどうすればいいのか。こうした場合は、まずその人間関係に「いつまで耐えるか」の期限を決めることをおすすめします。

たとえば、1か月とか半年とかの期限を決めておけば、短気を起こすことを防げますし、期限が来たらどうするかのシミュレーションをしておくこともできます。また、期限までに状況が大きく変化することもあるわけで、その変化にも対応しやすくなるでしょう。

そして、もし期限の日が来ても耐えられなかった場合は、仕事を変える、意見書を書く、引っ越すなどの具体策を実行すればいいのです。大切なのは、できるだけダメージの少ないかたちで、自分の心と体を守っていくこと。おそらく期限を決めて対応していくのが、いちばんダメージが少なく、後悔をしなくても済む、賢明な選択なのではないでしょうか。

㉒「自分はこんなに悩んでいるんだ」という顔をしない

「自分はこんなに悩んでいるんだ」という沈んだ表情をしている人はけっこう多いものです。なかには、まるで世界中の不幸を一身に背負っているかのような暗い顔をしている人もいます。

もちろん、深い悩みを抱えていらっしゃるのでしょう。しかし、誰にだって悩みはあるもの。その人よりも深い悩みを抱えている人だって大勢いるはずです。ですから私は、「自分は悩んでいるんです」という様子を周囲に見せるのは、いかがなものだろうという気がします。

それに、本当に悩み方がうまい人は、周囲からは悩みがないように見えるもの。もちろん悩みはあるのですが、悩んでいることが外に見えてこないんですね。きっと、悩みのことを「自分を成長させる試練」のようにプラスに捉えているから、見えてこないのでしょう。逆に言えば、「いかにも自分は悩んでいる」という顔をする人は、「自分は悩み方がヘタなんだ」ということを周囲の人に広めているようなものなのです。

㉓「今日がいちばん若い」と考える

人は誰しも歳をとります。歳をとれば思うようにいかないことも増えてくるもの。若いころを振り返って「あの頃はよかった」と思っている人もいるかもしれません。

しかし、物事は見方によって大きく変わるものです。

今日という日は、過去を振り返れば「いちばん歳をとった日」となりますが、未来からいまの自分を眺めれば「今日の自分、いまの自分がいちばん若い」ということになりますよね。

ですから、常に未来のほうから自分を見るようにして、「いまがいちばん若いんだ」と考えるようにしていくといいのです。そういうふうに考えると、目の前の壁を乗り越える際の悩み方も変わってきます。それに、日ごろから〝若い、若い〟と思っていれば、体も若々しく動くでしょうし、考え方も若々しく前向きになっていくのではないでしょうか。

㉔自分が生かされている理由を考えてみる

自分が「生きている」のではなく、「生かされている」という発想を持てると、感謝の気持ちが自然に芽生えてきます。

感謝の気持ちが持てると、人は乱れなくなるものです。

自律神経のバランスも整いますし、欲や邪心を超えたワンランク上のレベルで自分の心と体を整えることができます。また、感謝の気持ちがあると「人のために何かをしよう」という気持ちが強くなり、より自分の力を出せるコンディションが整うのです。

ぜひみなさん、自分が生かされている理由を考えてみてください。

自分が「いま、ここ」で生かされているのは、たくさんの人の中で成長させてもらったおかげであり、たくさんの食べ物を食べてきたおかげであり、たくさんの縁や出会いがあったおかげであり、たくさんの人や会社に助けられてきたおかげです。何かひとつが欠けても「いま、ここ」の自分はなかったかもしれません。

そして、「いま、ここ」に生かされていることのありがたみを感じたなら、「ありがとう」の言葉を口に出してみてください。

「今日も無事、朝を迎えることができました。ありがとうございます」「今日も無事、1日を終えることができました。ありがとうございます」「今日も多くの人との縁と出会いがありました。ありがとうございます」といったように、感謝の言葉を口に出すのです。

感謝の言葉を口に出すと、人はいっそう乱れなくなります。

一流のアスリートたちは大きな舞台でメダルを獲ったり優勝したりすると、必ずと言っていいほど感謝の言葉を口にします。「自分がここまで来られたのも多くの方々のおかげです」「このメダルは自分ひとりのものではありません。自分を助けてくださったたくさんの方々のものです」——と。

きっと彼らは、ずっとこういう感謝の気持ちを抱いて鍛錬を重ねてきたからこそ、心身ともに乱れない自分をキープし、数々の悩みや壁を乗り越えて、頂点に立つことができたのでしょう。

やはり、感謝の力は大きいのです。

㉕1週間のうちに、何かをひとつ決めてやり抜いてみる

悩み抜く力は、イコール「やり抜く力」でもあります。だから、普段から「とことんやり抜く習慣」をつけておくことが大切になってきます。

ぜひ、1週間のうちに、何かひとつのことを決めて、とことんやり抜いてみるようにしてください。

どんなに小さなことでも構いません。たとえば、「アルバムを整理する」とか、「不要になった本や雑誌を処分する」とか、「自分史の年表をつくってみる」とか、「普段使いの食器を新しいものに買い替えてみる」とか……。とにかく、どんなことであろうとも、自分が納得するまで〝これ以上ないくらいカンペキ〟にやり遂げるようにするのです。

1週間ごとにそういう経験を繰り返していると、どんどん頭のほうも「やり抜くモード」「悩み抜くモード」へとシフトしていきます。そして、そのうちにどんな問題に対しても、「とことんまで悩み抜く習慣」がついてくるようになるのです。

第4章

悩み抜いた人はなぜ幸せな人生を送れるのか

——悩みから解き放たれる「究極の道」とは？

「ありのままに生きたい」と思う人が多いのはなぜなのか?

最近、「もっと自分らしく、ありのままに生きたい」という願望を持つ人が増えてきているようです。

老若男女を問わず「ありのままに生きる」ということにあこがれを感じる人が増え、社会の全体的風潮として「ありのまま」が求められてきているような気がします。

おそらく、このように「ありのまま」が求められるのは、普段の生活において「ありのままとは正反対の窮屈な思いをしている人が多い」ということの表われなのでしょう。

多くの人は、ありのままに振る舞いたいと思ってもそうはいきません。会社などの組織の中では、自分らしさをありのままに打ち出そうと思っても、だいたいは否定されることのほうが多いでしょう。むしろ、思い通りにいかないことばかりなのではないでしょうか。

大嫌いな上司の前でニコニコしてみたり、心にもないお世辞を言ってみたり、自信がないのに見栄を張ってみたり、自分をよく見せようと格好をつけてみたり……。こんなふうに、たいていの人は日々の中で多かれ少なかれ、「自分ではない自分」を演じているもの。つまり、「本当の自分」「ありのままの自分」をグッと押さえつけ、ひたすら心に我慢を強いているわけですね。

だからみんな、我慢や見栄などを捨て去って、自分らしくありのままに振舞えたらどんなに素敵だろうと思うのではないでしょうか。

このように考えていくと、「自分らしく、ありのままに生きたい」というのは、「他人や会社に縛られずに済んで、他人や周りのことなんか気にしなくてもいい『悩みのない世界』で生きていきたい」という願望の表われなのかもしれませんね。

しかし、わたしたちは「他人」や「群れ（組織）」とのつながりやしがらみをすべて絶ってしまうことはできません。人間は群れを離れてひとりでは生きていけない生き物。他人や組織と離れられない以上、ある程度は自分を抑えつけたり周りに合わせたりしつつ、悩みを抱えつつ生きていかなくてはならないのです。

では、そんな中、「ありのまま」を手にするにはどうすればいいのか。

私は、その答えこそ、しっかり「悩み抜くこと」だと考えています。しがらみが多い世の中で、ありのままの自分を打ち出して自分らしい力を発揮していくには、悩み抜くしかありません。「ありのまま」とは、悩みに悩んで、これ以上悩んでもしょうがないと思えるくらいに悩んでこそ、見えてくる境地なのではないでしょうか。

「レット・イット・ビー」は悩み抜いた結果生まれた

誰しも何とかしようとあがいたりもがいたりしているときは、答えが目の前にあったとしてもなかなかそれが見えないものです。

しかし、しっかり悩んでいると、ふと力を抜いたときに、自分が必要としている答えが見えてきます。ちょっと手を休めたときなどに、パーッと光が差してきて「そうか、これだったんだ」ということに気づく。新たな地平が開けて、自分が求めていた次の展開が見えてくるのです。

ビートルズの名曲「レット・イット・ビー」は、そんな境地を歌ったものではないでしょうか。

この曲がつくられたころ、ビートルズはほとんど分裂状態にあり、ポール・

マッカートニーは、ビートルズをどうしたらいいか、ジョン・レノンとの確執をどうしたらいいか、といった問題にさんざん悩んでいました。

そんなとき、まどろんでいたポールの夢枕に、亡き母メアリー・マッカートニーが降りてきて「ありのままを、ありのままに受け入れなさい」とささやいたのだそう。ポールはこの体験にインスピレーションを得て、「レット・イット・ビー」を書いたのだとされています。

「レット・イット・ビー」は、「ありのままに」「あるがままに」と訳されていることが多いようですが、私は「なるがまま」、あるいは「流れのままに」のほうが本来の意に近いのではないかと思っています。

きっと、ポールは悩みに悩み抜いた結果、「もう悩むことはない、あがいたり、もがいたりすることもない、自分の答えを受け入れて、流れのままに生きていこう」といった境地にたどり着いたのではないでしょうか。

そして、こうした「あきらめ（明らめ）」をつけられたからこそ、ポールは、ビートルズを解散してソロ活動をするという「次」の展開へと進んでいくことができたのです。言わば、悩み抜いた末に自分の力を発揮できる新しい道を見つけることができたわけです。

私は、悩み抜いた先でこういう境地にたどり着けた人は、人生において「ありのまま」「なるがまま」に自分の力を発揮していくことができるのではないかと考えています。そしてそれは、わたしたちが日々の人生の中で追い求めている究極の道なのかもしれません。

悩み抜いた人が行き着く境地「ゾーン」とは何か

みなさんは「ゾーン」のことをご存じでしょうか。

これは、人がスポーツや仕事において「もっとも力を出すことができる究極の状態」です。交感神経と副交感神経の両方がハイレベルで高まった際に現われやすく、集中力が極限まで高まっているにもかかわらず、心身は冷静に落ち着いていられる状態になります。そして、こういうときに人は神がかり的なパフォーマンスを発揮できるようになるのです。

私は中学生の頃、ゾーンに入る経験をしたことがあります。

そのときのことはいまも鮮明に覚えています。中学2年生時の野球の地方大会決勝戦。0対0で迎えた最終回裏の攻撃。ワンアウト三塁で私の打席が回ってきました。そのときの私は打つ自信がなく、何とかフォアボールで次のバッターにつなごうと考えていたのですが、なかなかフォアボールになってくれません。仕方なく、ストライクゾーンに来る球を何球もファールにして粘っていました。

すると、ファールをするうちに何だか周りがシーンと静まってきて、球場の中でピッチャーと自分のふたりだけしか動いていないような不思議な感覚になりました。しかも、ピッチャーの投げてくる球筋がまるでスローモーションであるかのようにくっきりと見えるのです。私は自然にバットを出し、私が打った打球は糸を引くようにセンター前へと運ばれていきました。そう、優勝を決めるサヨナラヒットです。

もちろん、当時の私は、ゾーンの存在など知りませんでした。しかしそのとき、子ども心に〝この感覚をつかめれば、人はもっと力を発揮できるようになるんじゃないか〟と感じたことを覚えています。私はその後も、ラグビーの試合中や手術の最中などに、何回かゾーンを経験しています。やはりそのときも〝周りが止まった感覚〟〝手足が自在に動く感覚〟になって、自分でも驚くようなパフォーマンスを行なうことができました。

私が、本格的にゾーンに興味を持ち始めたのは、自律神経の研究をするようになってからです。

自律神経の働きを知り、その力の大きさを知るに従い、私は「ゾーンは、自律神経の心身コントロールシステムの究極の姿ではないか」と考えるようになりました。また、ゾーンのメカニズムを研究する必要から、数多くの一流アスリートやパフォーマーのコンディショニングを指導するようにもなっていきました。

そしていま、私は「ゾーンこそ、人が悩み抜いた末にたどり着く究極の状態なのではないか」と考えているのです。

悩みは誰にでもあります。

悩み方は人それぞれであり、悩みを放ったままにしている人もいれば、ひとつひとつ悩み抜いて潰していく人もいます。

ただ、どうせ悩みがあるなら、悩み抜くほうが絶対にいい。

なぜなら、自律神経のシステムが、悩み抜くことによって力を発揮するようにできているからです。悩み抜くことによって自律神経の心身コントロールの力が高まり、それを習慣にすることによってパフォーマンスが向上していく。そうやって力がつくことによって、どんどん壁を越えて高みへ上っていけるようにできているのです。

ゾーンは、悩みに悩み抜いた人がたどり着く最高到達地点。そして、その域まで到達できれば、人は悩みなどに惑わされることなく、自分の心身を自在に操ってコントロールできるようになるのかもしれません。

ゾーンに入ると何があっても動揺しなくなる

ゾーンについて、もう少し述べておきましょう。

悩み抜いた末にゾーンに入ると、どんなことに対しても、対応の幅がグンと広がります。

野球のバッターであれば、どんな球が来ても打てる。ゴールキーパーであれば、どんなシュートが来てもキャッチできる。フィギュアスケートの選手であれば、すべてのジャンプを決められる。外科医であれば、どんな難手術をも成功させることができる。それくらい、何でも幅広く対応できそうな感覚が得られるのです。

何が来ようとも、動揺しないし、乱れない。自律神経が究極のレベルで整っているから、どんな状況になっても「自分ならできる」「自分ならやり遂げられる」という状態になるんですね。

そもそも、自律神経というのは、状況の変化にすみやかに対応したり適応したりするためのシステムです。

たとえば、急に寒くなったら、血管を収縮させ、汗腺を閉じて、体温が逃げないようにシフトする。急に暖かくなったら、血管を拡張させ、汗腺を開いて汗を流し、体温を放出する。急にピンチヒッターを告げられたら、呼吸や心拍数を上げ、血圧や血流を上げて緊張態勢に入る。こういうふうに、環境や状況の急な変化に対して、すみやかに反応して適切な対応をとってコントロールしているのが自律神経システムであるわけです。

ですから、自律神経が高いレベルで整うと、こうした対応力の幅、適応力の幅が大きく広がることになります。そして、より幅広い変化に対応していくことができるようになるのです。

ゾーンはまさに自律神経が究極に整った状態ですから、その対応力、適応力も究極レベルにまで広がっています。だから、思いがけない事態が起こったとしても、しっかり対応してついていくことができるのです。何があっても動揺したり悩んだりすることなく、心身が自然に反応するかのように、目の前の状況に適した行動をとれるようになっていくわけですね。

ゾーンを体験した人は、よく「神さまが自分の背中を押してくれているような感覚だった」「まるで何か大きな存在が自分に力を貸してくれているようだった」と話します。

もちろん、その力は神さまがくれたものではなく、自分の中から引き出されたもの。とことん悩み抜いてやり抜いたことによって自律神経の力が引き出され、「どんなことがあっても生き抜く力」が引き出されたと言っていいのです。

やり抜いた人が「ありのまま」に行き着ける

私は、「ゾーン」とは「究極のレット・イット・ビー」のような状態ではないかと思っています。

先ほど述べたように、「レット・イット・ビー」の境地は、あがいたり、もがいたりせずとも、自然に自分の力を出していけるような状態です。でもそれは、さんざんあがいたりもがいたりして悩み抜いた結果得られるもの。悩み抜いてやり抜いた結果、流れのままに身をまかせていても自分の力を出していけるような状態へ行き着くのです。

たとえば、アスリートにとって、日々の練習をやり抜いたり、自分の力量に悩み抜いたりするのは当たり前のこと。いまは一流のアスリートたちも、若いころから練習をやり抜き、自分の力不足に悩み抜き、力を伸ばすには何をすればいいのかを悩み抜いて、その時点でやれることをやりつくして一段一段ステップを上がってきたわけです。

実際、一流アスリートたちは、スランプの壁にぶち当たったようなとき、とにかく練習をやり抜いて悩み抜きます。その壁を超えるには、とことん自分のいまの力量に向き合って、やるべきことをやりつくしていくしかないということが体に染みついているのです。そして、そうやって自分に向き合いながら悩み抜いていると、いつか「ああ、ここまでやり抜いたんだから、もう自分は『次』に行ける」という感覚が訪れるのだそうです。自分の力量に向き合って、やるべきことをやり抜き、悩むべきことを悩み抜いてきたからこそ、「もう悩むことは残っていない」「あとはもう流れにまかせても大丈夫だ」という迷いのない境地にたどり着くことができるわけですね。

つまり、そこまでたどり着くと、悩むことや迷うことから解放されて、すべてを流れにまかせて「レット・イット・ビー」へと行くことができるのです。また、そこまで行くことができれば、人は周りの目を気にすることもなく、他人との関係でストレスをため込むこともなく、ありのままの自分を打ち出しながら自分の力を発揮できるものなのでしょう。

すなわち、悩み抜いた人、やり抜いた人が「ありのまま」「なるがまま」に行き着けるのです。

そして、ゾーンは、そうやって自分をとことん究めてきた人が行き着く最高到達地点。言うなれば、「究極のレット・イット・ビー」であり、「究極のありのまま状態」であるというわけですね。

とらわれから解放されると、自分を成長させることができる

「悩む」ということは、自分を大きく成長させる行為です。これに関してはまったく疑いの余地がありません。

もちろん、悩んでいる渦中はつらいかもしれません。きっと〝何でこんなひどい事態になってしまったのか〟〝どうして自分だけこんな目に遭わなくちゃならないのか〟とか、いろいろな負の感情が渦巻いてつらくなってくることもあるでしょう。

でも、それらはわたしたちが今後も生きていくうえで乗り越えていかなくてはならないこと。悩み抜いていると、つらかったことがある瞬間からスッと消えてラクになります。ラクになるのは、つらさというとらわれから解放された

証拠。そして、そうやって壁を乗り越えられると、わたしたちは一歩ステップを上って成長することができるのです。

そもそも、悩みが頭の中に居座るのは、いろいろなことにとらわれているからです。悲しみ、つらさ、不安、しがらみ、弱さ、やましさ、喪失感、挫折感……そういった負の感情にとらわれているから、次々に悩みが現われて離れなくなる。しかしながら、これらの負の感情は、放っていればそのうち消えてくれるというものではありません。むしろ、目を逸らそうとすればするほど、大きく存在感を増して自分を縛ってしまうようになります。

では、いったいどうすればいいのか。

とらわれから解放されたいなら、やはり悩み抜くことが不可欠なのです。自分の中に巣くっている負の感情を消すには、まずはそれらを「明らめて」いかなくてはなりません。その「明らめ作業」は、自分の心の中を懐中電灯で照らして探していくようなもの。〝自分を縛っている縄はどこにあるのか〟〝その縄をほどくにはどうすればいいのか〟といったように、薄暗い闇の中を歩いて探し回っていくのです。そうやって悩み抜く作業を進めていき、最終的に縄を見つけてほどくことができれば、ちゃんと自分を明らめることができる。そこまでやり遂げると、自分をとらわれから解放することができて、負の感情が消え、スッとラクになるというわけです。

つまり、とらわれから解放されるところまで悩み抜けるかどうかが重要なのです。悩み方が中途半端な人は縄をちゃんとほどくことができず、悩みをその場に居座らせてしまうことになる。一方、しっかり悩み抜ける人は、自分を縛っている縄を完全にほどき切って、悩みを克服していくことができる。そして、次々に悩みを克服することで、自分を大きく成長させていくことができるわけです。

悩みの縛りを解くには、悩み抜くしかない――。これは、別段新しいことでも何でもなく、昔から知られていたことだと思います。

その証拠に、仏教をはじめとする多くの宗教も、悩み抜くことによって、悩まない境地に達することを教えています。先ほど述べたように、悩み抜いていると「ありのまま」「なるがまま」のゾーンに入り、その域に達すると「悩まなくても自在に心身を動かせるような状態」へと入っていくことができます。過去の偉大な宗教者たちも、あるいは、それと似た「悩みにとらわれることのない境地」を目指してきたのかもしれません。

「悩まなくていい状態」に行き着くにはとことん悩み抜くしかありません。少なくとも、ブッダもイエスも、とことん悩み抜いたことによって「悩みにとらわれない境地」の悟りに至ったはず。

どんな状況でも、慌てることもないし、乱れることもない。もちろん、悩むこともない。すべてを自然の流れにまかせていて、それでいながら、自由自在に力を発揮することができる――。

すべては流れのままに。

悩み抜くことは、とらわれない生き方、悩まない生き方に通じ、人間の生きる力を高めることに通じるのです。わたしたち人間が日々を生きていく中で、理想として求めているのはこういう境地なのではないでしょうか。

天才は「悩みは自分が成長するための試練」と考える

この世の中には「悩むこと」をプラスにとらえられる人とマイナスにとらえてしまう人とがいます。

もちろん、大多数はマイナスにとらえる人であり、プラスにとらえられる人は圧倒的に少ない。でも、プラスにとらえられる人たちは、自分を成長させるのがものすごく速いのです。一流のアスリートにはたまにそういう人がいるのですが、本当に、通常の2倍速、3倍速というくらいの驚異的なスピードで壁を乗り越えてステップを駆け上がっていきます。

私は、そういう人たちを「悩み方の天才」と呼んでいます。

悩み方の天才は悩みが出現してきたときに、それを〝嫌だな〟〝厄介だな〟などと思わずに、〝これは自分を成長させるための試練なんだ〟と考えます。さらに、〝この試練を乗り越えた先にはどんなに素晴らしいことが待っているのだろう〟といった期待感をふくらませる。そして、壁を乗り越えた先にほのかに見える「光」に向かって、まるで突き進んでいくかのように壁を乗り越えていくのです。

おそらく、彼らの頭の中では、「この壁の大きさなら、2週間も悩み抜けば光が見えてくるかもしれないな」とか、「今回の悩みの壁は大きいから、体だけじゃなくて精神的な部分も鍛えなきゃいけないないな」といったこともつかめているはず。言わば、その悩みの壁のサイズによって、自分が超えるべき試練の大きさも感じ取っているわけですね。

たぶんこれは、長年にわたって多くの壁を乗り越えてきていないと得られない感覚なのでしょう。ただ、このように「この悩みのサイズなら、これくらい悩み抜けばいい」といった感覚がわかっていると、戦略的に悩んで戦略的に壁を越えていけるようになります。すると、「悩みや壁などの負荷」「タイムや順位などの目標」を自分自身でセッティングし、それを乗り越えることで自分の成長を引き出していけるようになるのです。

そして、このように、「自分自身で目標や壁を設定する戦略的な悩み方」ができるようになると、どんどん悩み抜く力をつけて成長し、どんどん壁を乗り越えてステップアップしていけるようになるわけです。

私はこれまで数多くの「悩み方の天才たち」を見てきていますが、もしかすると、こういう「戦略的な悩み方」ができるかどうかが、天才と凡人のいちばん大きな分かれ目なのかもしれません。

ただ、わたしたちも、「悩み方の天才たち」に学べることが多々あると思います。なかでもいちばん学ぶべきは、悩みを「負」のものではなく、「正」のものと捉えること。これができるようになると、非常に多くのことが変わってきます。きっと、悩み抜くという行為そのものが楽しい作業に思えるようになってくるでしょうし、何よりもみなさん自身が変わってくる。悩み抜いて壁を乗り越え、壁を乗り越えるごとに成長して、自分を大きく変えていくことができるのです。

私は、人が変われるか、変われないかは、意志力や才能の問題ではなく、悩み方の問題だと思っています。

悩み方を変えれば、人は変われます。

悩み方を変え、しっかり悩み抜くコツをつかみさえすれば、目の前の壁を越えていける。別に天才じゃなくても、どんどん壁を乗り越え、ステップを駆け上がって自分を変えていくことができるのです。

悩み抜いた人は、人生で幸せをつかむことができる

悩み方が上手な人は、後悔することのない人生を生きて、幸せな人生を送ることができる――。

私は、そう思っています。

人生は後戻りがききません。

後悔したところで、過ぎてしまったことはどうしようもありません。ただ、〝悔やんでも仕方ない〟とわかってはいても、あれやこれやと後悔をしてしまうもの。おそらくたいていの人は、多くの後悔や迷いを引きずるようにしながら人生を送っているのではないでしょうか。

私は、後悔や迷いを引きずらないようにするための唯一の方法が「悩み抜く

こと」だと思っています。

起こってしまったことに対してちゃんと向き合い、しっかり悩み抜いて解決していく。そうすれば、人は後悔や迷いを断ち切ることができます。〝あぁすればよかった〟とか〝あんなことするんじゃなかった〟とか、そういった気持ちを残すことなく、「次」に進んでいけるのです。そして、後悔や迷いを断ち切れるようになると、人は人生をよりよい流れに乗せていけるようになるものなのではないでしょうか。

だって、考えてみてください。

後悔や迷いがなくなれば、人生によりしっかり向き合えるようになり、目の前のことをやり抜けるようになります。とことんやり抜いていると、仕事でもプライベートでもひとつひとつの結果に自分で納得をしながら人生を進んでいけるようになります。迷いなく振り切ったバッティングが悔いを残さないのと同じように、目の前のことをひとつひとつやり抜いていると、結果に悔いを残すことなく、納得をしながら一歩一歩ステップを上がっていけるようになるのです。

そうすれば、おのずと自分が納得のいく道、自分が行きたい道を歩んでいけるようになり、後悔や迷いを残すことなく、自分にとって幸せな人生を切り拓いていけるようになるのです。

つまり、しっかり悩み抜いてきた人ほど、人生において迷いや後悔が少ない。また、人生においてしっかり迷いや後悔を片づけてきた人ほど、自分の人生を幸せな流れに乗せていくことができる――。

そういうものなのではないでしょうか。

そう言えば、１００歳を超えても元気なお年寄りには、それまでの自分の人生のすべてを達観しているような方が少なくありません。

そういう方は、何があっても動じないし、乱れないもの。自分に確固たる自信を持っていて、いつも何かの大きな流れに身をゆだねているような安心感があります。

きっと、その安心感は、長年悩み抜き、長年やり抜いて、後悔や迷いを片づけてきたからこそ得られたものなのでしょう。なかには、〝もう自分は人生で起きたことすべてに片をつけてきた〟というような、すがすがしいまでの達成感を漂わせている方もいらっしゃいます。

まさに「レット・イット・ビー」。きっと、こうした方々は、「もう何の迷いもなく、流れるままに人生を生きていても、何の不都合もなく幸せを感じられる」という境地にまでたどり着くことができたのでしょう。

人が他人や周りから振り回されたり、後悔や迷いに振り回されたりしないようにするには、自分の中にしっかりとした「軸」を持つことが大切です。それは、どんな状況下でも「自分は自分だ」という揺るがない中心軸。ある種の自信のようなものです。

私は「やり抜く力」「悩み抜く力」を味方につけると、自分の中にそういう「軸」ができると考えています。

その軸ができると、人はブレることなく落ち着いて自分らしさを出していけるようになります。後悔したり迷ったりすることもありません。まさに「ありのまま」に自分らしい色を出せるようになり、どういう人とつき合っても、どういう組織に入ったとしても、変わることなく自分の力を発揮できるようになるのです。

なお、この軸は「人生をブレずに生きるための軸」にもなります。これは人生の流れの中で自分をコントロールしていくための「舵」のようなものでしょう。先にも述べたように、舵を持っていれば、たとえ流れが悪いほうへ行っていたとしても、自分でよい流れへと戻すことができます。舵がないと、自分という舟はブレっぱなしでどこへ流されてしまうかわかりませんが、舵を持っていれば、ブレることなく自分の思った方向へと自分でいい流れに乗れるようになるわけですね。

だから、自分の中に舵（軸）を持って、自分の人生の流れを自分でコントロールするためにも、日々しっかり悩み抜いて、しっかりやり抜いていく姿勢が大切になるのです。

人の人生は一度きりです。その一度きりの人生の中で、誰もが悩みを持って生きています。

これまで述べてきたように、わたしたちの人生は日ごろからどんな悩み方をしているかによって、非常に大きく変わってきます。幸せな人生を送れるか、それとも不幸な人生を送ることになるかも、これによって大きく違ってくると言っていいでしょう。

だったらみなさん、できるだけ「いい悩み方」をして、人生を幸せな方向へ変えていくほうがいいに決まってますよね。一度限りの人生なのですから、先々後悔することのないように、やれるだけのことをしっかりやり抜いていったほうがいいに決まってますよね。

「悩み抜く力」は、とても大きな可能性をわたしたちに与えてくれます。

その可能性は無限に広がっているといっていいでしょう。その可能性を引き出していけば、わたしたちはよりよい方向へと自分の人生をナビゲートしていくことができます。たとえ行く手に壁が立ち塞がったり、困難な状況に見舞われたりしても、「なるがまま」「ありのまま」に自分の力を発揮して乗り越えていけることでしょう。

悩み抜く力は、生きる力。

この力を引き出せる人は、より強く、より健やかに生きて、一度きりの人生を大いに輝かせていけるのです。

ぜひみなさん、とことん悩み抜き、とことんやり抜いて、「生きる力」を存分に引き出していってください。乱れない心と体をつくり、ここぞというところで力を発揮できる自分をつくって、これからの人生を存分に輝かせていくようにしてください。

そして、後悔をすることのない幸せな人生を送っていくようにしましょう。人生は一度きりですが、その人生は変えることができます。いまからでも遅くはありません。さあ、人生をとことん悩み抜いて、かけがえのない幸せをつかみ取るようにしましょう。

＊本書は、二〇一六年に毎日新聞出版より刊行された『悩み抜く力　うまく悩んで成功をつかむ人、ヘタに悩んでつまずく人』を改題し、加筆・修正して文庫化したものです。

草思社文庫

自律神経の名医が教える
すごい「悩み方」の技術

2023年12月8日　第1刷発行

著　者　小林弘幸

発行者　碇　高明

発行所　株式会社 草思社

〒160-0022　東京都新宿区新宿1-10-1
電話　03(4580)7680(編集)
03(4580)7676(営業)
https://www.soshisha.com/

本文組版　有限会社 一企画

本文印刷　株式会社 三陽社

付物印刷　株式会社 暁印刷

製 本 所　大口製本印刷 株式会社

本体表紙デザイン　間村俊一

ISBN978-4-7942-2700-3　Printed in Japan

ご意見・ご感想は、
こちらのフォームからお寄せください。
https://bit.ly/sss-kanso